Spanisch für Besserwisser, Band VI

Indice

Vorwort

Wenn Sprache sich verdichtet... ja, was dann? Sie wird zwar dichter, aber wird sie dadurch zur Dichtung? Auch Aphorismen und Sprüche und Sprichwörter, ja sogar alltägliche Redewendungen können äußerst dichte Sprache sein. Auch Prosa ist nicht selten sehr dicht. Dichtung entsteht also nicht nur durch die bloße Verdichtung der Sprache. Wodurch denn sonst? Durch den poetischen Hauch? Gewiß. Aber was ist denn der poetische Hauch? Meine Frau meint, «wenn die Sprache sich zu Bildern und Klängen entfaltet und verdichtet». Das gefällt mir, nicht nur deswegen, weil es von meiner Frau kommt. Und mir gefällt ebenfalls die Definition des Gustavo Adolfo Bécquer. Auf die Frage: «¿Qué es poesía?» beschloß er kurz und bündig: «Poesía eres tú.» Und mit dieser poetischen Sensibilität sprengte er die verkrustete Welt der spanischen Dichtung im inzwischen fernen XIX. Jahrhundert.

Nun, warum *spanische Poesie für Besserwisser*? Nicht jeder, der eine Fremdsprache lernt, traut sich oder hält es für lohnend, Poesie in dieser Fremdsprache zu lesen. Schade eigentlich! Natürlich muß die Beziehung zu einer Fremdsprache sehr innig sein, um Poesie in dieser Fremdsprache mit Genuß lesen zu können. Für Besserwisser eine lohnende, eine durch und durch beglückende Aufgabe. Dabei will ich Ihnen in diesem neuen Band helfen

Toda selección es subjetiva. Jawohl, jede Auswahl ist äußerst subjektiv. Eine Auswahl von Gedichten erst recht. Das hier ist meine ganz persönliche Auswahl. Wer oder was mich bei dieser Auswahl geleitet hat? Mein eigener Geschmack halt. Und meine Biographie.

Die Kritik von Literaturwissenschaftlern vorwegnehmend: Nein, ich erhebe nicht den Anspruch, Sie mit romanistischem Instrumentarium in die spanische Dichtung einführen zu wollen. Ich bin ja kein Romanist, ich kann nur Spanisch. Ich erlebe und ich liebe diese Sprache, aber ich «beherrsche» sie nicht. Und als Liebhaber dieser Sprache wünsche ich mir, daß Sie sich nach der Lektüre dieses Buches auf Entdeckungsreise in die Welt der spanischen Poesie begeben. Ich freue mich sehr, wenn Sie anhand dieses Buches mit mir in Kontakt treten.

Meinen ganz besonderen Dank verdienen meine Frau Josefine Vogl und mein Freund Karl Kirsch, die mir bei der Entstehung dieses Buches wachsame Gesprächspartner gewesen sind.
Ihr geneigter Autor

G. Aparicio
Winnenden, Februar 2002
www.schmetterling-verlag.de/forum

I.
Juan Ruiz
Arcipreste de Hita
Entre los siglos XIII y XIV

Hembra placentera

— Nada mejor para iniciar una serie de diálogos sobre poesía que unos versos sobre el amor. Unos versos muy viejos, de hacia el año 1330, cuando la lengua castellana aún estaba formándose:

Como dice Aristóteles, cosa es verdadera:
El mundo por dos cosas trabaja: la primera:
Por aver mantenencia; la otra cosa era
por aver juntamiento con fembra plazentera.[1]

Die Archaismen sind unübersehbar, aber auch naheliegend: *Aristótiles* por Aristóteles; *aver* por haber en el sentido de tener: *mantenencia* por manutención, alimentación; *fembra* por hembra...
— ¿Y el sentido?
— *Um zwei Dinge müht sich die Welt ab: erstens um die Nahrung; zweitens um die Paarung mit einem geilen Weibe.*
— Die Nahrung und die Paarung! Toll! Aber *geil*? Ist das die richtige Wiedergabe von *placentera*?
— Sinngemäß. Wortwörtlich bedeutet *placentero* so viel wie *lustvoll, lustbringend.*
— Vergnüglich?
— Ja, genau, vergnüglich.
— ¿Y quién dice semejante cosa?
— Aristóteles por lo visto.
— No, no, quiero decir que quién escribió estos versos.
— Un clérigo.
— ¿Un clérigo?
— Sí, un clérigo que sabía mucho de hembras placenteras... a juzgar por su *Libro de Buen Amor*, una especie de *ars amandi* divertido, ingenioso, picante, satírico, reflexivo y hasta moralizante, que apareció por primera vez en 1330.

1 *Libro de Buen Amor*, estrofa 71

— ¿Y aun siendo tan vieja su lengua, se puede leer bien?
— Pues sinceramente le diré que a mí me resulta difícil leerlo de corrida.[1] Yo tengo sobre la mesa a la vez el original y una versión modernizada. En versión modernizada cité varios pasajes de este libro en mi *Besserwisser IV*. ¿No se acuerda Usted?
— Pues no, francamente no.
— ¿Y si le digo que eran del Arcipreste de Hita?
— Ah sí, ese nombre me suena mucho.
— Pues vamos a leer juntos aquel pasaje que cito en *Besserwisser IV* a propósito del refrán de *la esencia buena en frascos pequeños*:[2]

Elogio de la mujer chiquita

Quiero abreviar, señores, esta predicación,
porque siempre gusté de pequeño sermón
y de mujer pequeña y de breve razón,
pues lo poco y bien dicho queda en el corazón.

— Also in der Kürze liegt die Würze...
— Sozusagen.
Und er fährt fort:

De quien mucho habla, ríen; quien mucho ríe, es loco,
hay en la mujer chica amor grande y no poco.
Cambié grandes por chicas, mas las chicas no troco,[3]
quien da chica por grande, se arrepiente del troco.

— *Die kleinen Frauen tauscht er* also *nicht*, wohl aber die großen... *Wer eine kleine für eine große tauscht, der bereut den Tausch.*
— Eso dice. Y sigue diciendo maravillas de la mujer pequeñita: *kalt wie Schnee, wie Feuer brennend; im Bett vergnüglich, im Haushalt fleißig, vernünftig, entgegenkommend...*:

¡Son frías como nieve y arden más que el fuego!
Son heladas por fuera, pero en amor ardientes;
en la cama solaz,[4] placenteras, rientes,

---

1 *De corrida – fließend*

2 Los pasajes que siguen los cito en la versión modernizada de *El Libro de Buen Amor* hecha por María Brey Mariño, según la segunda edición, publicada en 1960 en Madrid en la Editorial Castalia. Cito aquí fragmentos comprendidos entre la estrofa 1606 y la 1612.

3 El primer *troco* es verbo, de *trocar – tauschen*. Hoy decimos *trueco*. El segundo *troco* es sustantivo: *Tausch*. Hoy decimos *trueque*.

4 *Solaz* es aquí adjetivo: *agradable, placentero*. Como sustantivo, *solaz* significa *placer*. Esta raíz la conocen Ustedes por el verbo *consolar*.

en la casa, hacendosas,[1] cuerdas[2] y complacientes;
veréis más cualidades, tan pronto paréis mientes.[3]

— Ein Juwel die kleine Frau.
— Genau das sagt er: *strahlend wie die Hyazinthe* und *zuckersüß*:

En pequeño jacinto yace[4] *gran resplandor,*
en azúcar muy poco yace mucho dulzor,
en la mujer pequeña yace muy gran amor,
pocas palabras bastan al buen entendedor.

Und scharf ist sie auch noch, *wie der gute Pfeffer*:

Es muy pequeño el grano de la buena pimienta,
pero más que la nuez reconforta y calienta:
así, en mujer pequeña, cuando en amor consienta,
no hay placer en el mundo que en ella no se sienta.

— Cuando en amor consienta... Also, *wenn sie sich auf die Liebe einläßt, erlebt man in ihr alle Lust der Welt.* Ganz schön offen unser Erzpriester.
— Y eso no es todo:

Como en la chica rosa[5] está mucho color,
como en oro muy poco, gran precio y gran valor,
como en poco perfume yace muy buen olor,
así mujer pequeña guarda muy gran amor.

Como rubí pequeño tiene mucha bondad,
color, virtud y precio, nobleza y claridad,
Así, la mujer chica tiene mucha beldad,
hermosura y donaire,[6] amor y lealtad.[7]

---

1 *Hacendoso* viene de *hacer*. Que sea hacendosa es uno de los mayores elogios que pueda hacerse del ama de casa española. Como en alemán, eine richtige Hausfrau ist vor allem *fleißig*.
2 *Cuerdo – vernünftig*. Gescheit?
3 *Tan pronto – sobald*.
Parar mientes: Ya les conté en *Besserwisser I* (p. 198) que *mientes* es *mente* y que *parar mientes* significa más o menos reflexionar.
4 *Yace* equivale en estos versos, je nachdem, *a* liegt bzw. steckt. Es del verbo yacer, que en sí significa liegen.
5 *Chica rosa – rosa chica – rosa pequeña*
6 *Donaire – gracia – Anmut*. Es una palabra muy bella pero más bien anticuada.
7 *Lealtad* viene de *leal – loyal – treu*.

— Virtud, nobleza, claridad, lealtad... *Tugendhaft, edel, strahlend, treu* ist sie auch noch.
— In seinem Bemühen, die Vorzüge der kleinen Frau zu preisen, greift er sogar zur Vogelkunde: Auch *die Lerche* und *die Nachtigall, kleine Vögel, singen besser als die großen...*:

Chica es la calandria[1] y chico el ruiseñor,
pero más dulce cantan que otra ave mayor;
la mujer, cuando es chica, por eso es aún mejor,
en amor es más dulce que azúcar y que flor. (...)

Mit einem Wort: *die kleine Frau ist unvergleichlich, sie ist das reinste Paradies*:

Para mujer pequeña no hay comparación:
terrenal paraíso y gran consolación,
recreo y alegría, placer y bendición (...).

Siempre quise a la chica más que a grande o mayor...
— Sí, y creo recordar que Usted en este contexto cita a Tucholsky.
— Sí, lo cito diciendo que Tucholsky anderen Geschmacks war als unser Erzpriester, denn er schrieb:

Man möchte immer eine große Lange,
und dann bekommt man eine kleine Dicke.[2]

— Sí, Tucholsky era pequeñito, quizás por eso soñaba él con una große Lange...
— Según esa lógica, nuestro Arcipreste hubo de ser alto...
— ¿Y eso no se sabe?
— Se supone, pero no se sabe apenas nada. Se cree saber que se llamaba Juan Ruiz, que vivió allá entre finales del siglo XIII y mediados del XIV, que era Arcipreste, also eine ziemliche Größe unter den Pfaffen eines Ortes, y que ha pasado a la historia como el Arcipreste de Hita...
— Hita?
— Hita es un lugar cercano a Guadalajara. Y se sabe, claro está, que con su *Libro de Buen Amor* se ganó uno de los puestos más altos en la literatura castellana.

---

1 *Calandria – Lerche*. Viene del griego. No es raro que se la cite en pareja con el ruiseñor.
2 Es el estribillo de una canción titulada *Ideal und Wirklichkeit*, que Tucholsky, bajo el pseudónimo de Theobald Tiger, publicó en la *Weltbühne* del 5 de Noviembre de 1929.

— ¿Me permite Usted una pregunta muy personal? ¿Su mujer de Usted es acaso pequeñita?
— Sí, más bien pequeñita.

Mis fuentes:

Arcipreste de Hita: *Libro de buen amor.* Edición y notas de Julio Cejador y Frauca. Espasa-Calpe, Madrid ^{7}1955
Arcipreste de Hita: *Libro de buen amor.* Texto íntegro en versión de María Brey Mariño. Editorial Castalia, ^{2}1960

II.
Jorge Manrique
1440–1479

Recuerde el alma dormida...

— Así comienza uno de los poemas más conocidos y más citados de la literatura española.
— ¿Y uno de los más bellos?
— Sí, uno de los más bellos. O por lo menos con algunos de los versos más bellos de la literatura española. Yo leo muchas veces y con gran placer las *Coplas que hizo don Jorge Manrique a la muerte del maestre de Santiago don Rodrigo Manrique su padre.*
— ¿Ese es el título?
— Sí, ese es el título completo, pero suelen citarse como *Coplas de Jorge Manrique a la muerte de su padre*. Las escribió hacia 1477 un poeta cuyo oficio no era la poesía sino la política y la guerra. Y de hecho murió a consecuencia de las heridas sufridas en una batalla. Al morir no contaba más que unos 39 años.
— ¿Por qué dice Usted «unos 39 años»?
— Porque no se sabe exactamente cuándo nació.
— Pero sí cuándo murió...
— Sí, en abril de 1479. Así que, al morir, hacía muy poco que había escrito aquellas reflexiones sobre la muerte, que comienzan con un exordio escrito en unos versos tan magistrales como sencillos.
— ¿Exordio?
— Sí, así se llama el comienzo de un sermón o de un discurso. Exordium halt!
— Kannte ich nicht.
— Escuche cómo comienza:

Recuerde el alma dormida,
avive el seso y despierte,
contemplando
cómo se pasa la vida,
cómo se viene la muerte,
tan callando.

Ya en esta primera estrofa se puede apreciar la sencillez, la exactitud y la transparencia de su lenguaje. No se puede decir nada ni más sencillo ni mejor:

— Moment, Moment, ich habe so gut wie nichts verstanden. Es ist mir zu schnell gegangen. Und dann die Satzordnung...
— Vale, vayamos por pasos: Sich gewahr werdend, wie das Leben vergeht (*contemplando cómo se pasa la vida*), wie der Tod auf leisen Sohlen naht (*cómo se viene la muerte, tan callando*), fordert der Dichter die schlafende Seele dazu auf, aufzuwachen (*despierte el alma dormida*), sich zu besinnen (*recuerde*) und den Verstand (*el seso*)...
— Den Grips sozusagen...
— Ja, den Grips sozusagen zu aktivieren (*avive el seso*). *Den Verstand zu schüren*, würde ich ganz frei sagen, denn ich denke dabei an den Ausdruck *avivar el fuego*, das Feuer schüren. Wie dem auch sei, no se puede decir nada ni más sencillo ni más preciso, o sea ni más bello:

Recuerde el alma dormida,
avive el seso y despierte,
contemplando
cómo se pasa la vida,
cómo se viene la muerte,
tan callando.

Es notable, hasta entonces había escrito multitud de poemas galantes, poemas de amor, a mi gusto superficiales y artificiales, en un lenguaje formalmente perfecto pero más bien hueco. Con la muerte de su padre se produce una cesura radical en su vida. Und er geht in die Tiefe. Und aus seiner Sprache verschwindet alles Künstliche. Und er schmiedet Verse, die in puncto Klarheit, Schlichtheit und sprachlicher Vollkommenheit ihresgleichen suchen, im Spanischen auf jeden Fall.
— Heute noch?
— Ja, heute noch. Nach mehr als 500 Jahren haben diese Verse nichts an Frische, Ausdruckskraft und sprachlicher Perfektion eingebüßt. Er hat halt die Vergänglichkeit des Lebens be-*griffen*:

cómo se pasa la vida,
cómo se viene la muerte,
tan callando.

Und er wacht auf. Deswegen fordert er uns dazu auf, uns zu be*sinnen*, uns zu ent*sinnen*...

Recuerde el alma dormida,
avive el seso y despierte,
contemplando...

Auch die Vergänglichkeit des Glücks erschüttert ihn. Y con la segunda mitad de la estrofa I vuelve a escribir unos versos perfectos:

cuán presto[1] se va el placer,
cómo después de acordado
da dolor,
cómo a nuestro parescer
cualquiera tiempo pasado
fue mejor.

— Das verstehe ich wieder nicht ganz.
— Manrique schreibt diese Verse aus der Perspektive des vom Leben Enttäuschten: Das Glück, das Vergnügen vergeht rasch *(cuán presto se va el placer)*; die Erinnerung daran tut weh *(después de acordado da dolor)*; aus dieser Perspektive erscheint uns die Vergangenheit immer schöner als die Gegenwart *(cómo a nuestro parescer cualquiera tiempo pasado fue mejor).*
— Depende. Hay placeres que se van pronto, pero los hay que duran. Y hay placeres que, al recordarlos (*después de acordados*) no dan dolor. Y tampoco soy de la opinión de que cualquier tiempo pasado fuera mejor.
— Sí, porque Usted no está en la situación de Jorge Manrique. Aber es kann auch so kommen. Er warnt Sie. Escuche la segunda parte de la estrofa II:

No se engañe nadie, no,
pensando que ha de durar
lo que espera
más que duró lo que vio,
porque todo ha de pasar
por tal manera.

Soll ich es Ihnen übersetzen?
— Ja bitte.
— Nur den Inhalt:
Niemand soll sich täuschen und denken, was er erwartet, werde länger währen als das, was er erfahren, denn alles wird vergehen auf die gleiche Weise.
— Spielverderber!
— Oder Mahner?
— Oder einfach depressiv?
— Na ja, mir scheint, Sie wehren sich ganz schön...

---

1 *Presto – pronto – rápido*

— Ich gehöre halt nicht zu den Spielverderbern und auch nicht zu den rückwärtsgewandten Leuten, die gerne an «damals» denken.
— Ja schon. Sie standen bisher anscheinend auf der Sonnenseite des Lebens. Aber der Autor befand sich beim Schreiben in einer miesen Lage: Sein Vater, einer der wichtigsten Männer Kastiliens, war gestorben, und er selbst mußte um die Gunst der Könige bangen. In dieser Zeit war er so viel wie in Untersuchungshaft, denn auf ihm lastete der Verdacht der Rebellion gegen die Könige, die mächtigen Isabel und Fernando.
— Und wie ging das aus?
— Er kam frei von diesem Verdacht. Aber er war ganz schön angeknackst, politisch und persönlich. Kein Wunder, daß ihn die Flüchtigkeit aller Dinge beschäftigte. In dieser Stimmung schrieb er die Strophe III, wahrscheinlich die meist zitierte in spanischer Sprache:

Nuestras vidas son los ríos
que van a dar en la mar,
que es el morir;
allí van los señoríos[1]
derechos a se acabar
y consumir.

— El tema no es muy original: la vida como un río y la muerte como el mar...
— No, el mérito de estos versos no está en su originalidad, sino en su sencillez y en su transparencia.
— ¿Y en su musicalidad?
— Sí, y en su musicalidad. Para apreciarlos de verdad hay que recitarlos en alta voz:

Nuestras vidas son los ríos
que van a dar en la mar,
que es el morir;
allí van los señoríos
derechos a se acabar[2]
y consumir.

Y sigue con esta misma sencillez y claridad:

---

1 *Señorío* es literalmente *Herrschaft*. Im Plural bedeutet es vielleicht auch «die Herrschaften».

2 *Se acabar – acabarse*. Wie die Flüße ins Meer fließen, so fließen auch die *señoríos* direkt (*derechos*) in den Tod, wo sie sich auflösen (*acabar y consumir*).

Allí, los ríos caudales,[1]
allí, los otros, medianos,
y más chicos,
allegados,[2] son iguales
los que viven por sus manos
y los ricos.

— Daß große, mittlere und kleine Flüsse alle im Meer enden, daß also große, mittlere und kleine Fische alle sterben, ist kein Trost für die kleinen Fische.
— Nee, aber eine Warnung für die großen. Und manchmal auch eine kleine Genugtuung für die kleinen:

allegados, son iguales
los que viven por sus manos
y los ricos.

— Und? Was nützt uns zu wissen, daß der Tod alle erwischt, sowohl die Reichen als auch diejenigen, die *mit ihrer Hände Arbeit...*? Nach dem Tod sind wir alle nichts als Leichen. Was zählt, ist aber das Leben vor dem Tod.
— Nicht für Manrique und für die Gläubigen. Escuche la estrofa V:

Este mundo es el camino
para el otro, que es morada
sin pesar,
mas cumple tener buen tino
para andar esta jornada
sin errar.

— Parece muy sencillo, pero yo, sinceramente, no entiendo el sentido.
— Ich erkläre es Ihnen: *Morada* viene de morar, sich aufhalten, wohnen.
— Also Wohnstätte.
— Ja, Wohnstätte, Aufenthaltsort... Ein Vers weiter: *sin pesar:* Hoy significaría *ohne Reue,* pero yo creo que aquí significa *ohne Last.*
— Schwerelos?
— Ja, schwerelos, sorgenfrei... Und wieder ein Vers später: *Mas cumple tener buen tino. Cumple* equivale a *conviene* y *tino* equivale a *Treff-*

1 *Caudal* puede ser sustantivo y adjetivo. Como sustantivo significa la cantidad de agua que lleva un río, oder auch das Vermögen eines Menschen. Como adjetivo equivale a *caudaloso, wasserreich.*

2 *Allegados* equivale aquí a *llegados a su destino*, es decir, *einmal angekommen.* Los *allegados* son hoy los *parientes.*

sicherheit y también a *Feingefühl*. De ahí viene *atinar*, *das Richtige tun*, y *desatino, desatinado, daneben gegriffen.*
— ¿Y jornada?
— An sich die Strecke, die man an einem Tag wandert.
— Also der Lebensweg?
— Ja, sozusagen. Und jetzt die ganze Strophe sinngemäß:

Diese Welt ist der Weg
zu der anderen, wo man lebt
sorgenfrei.
Aber es empfiehlt sich, gut aufzupassen,
um diesen Weg zu durchwandern
ohne zu irren.

— So übersetzt ist es ziemlich banal.
— Sagte ich schon. Deswegen sollten wir wieder das Original lesen.
— Bitte!
— Gerne:

Este mundo es el camino
para el otro, que es morada
sin pesar,
mas cumple tener buen tino
para andar esta jornada
sin errar.

— Sí, aun sin ser creyente puedo decir que cumple tener buen tino para andar esta jornada sin errar.
— Pero Jorge Manrique es creyente, y por eso sigue en la estrofa VI:

Este mundo bueno fue
si bien usáramos de él
como debemos,
porque, según nuestra fe,
es para ganar aquél
que atendemos.[1]

— Na ja, daß *diese Welt dazu da sei, jene andere Welt zu verdienen, die wir erwarten*, das ist mir zu christlich.
— Mir auch, aber Sie müssen zugeben, daß diese Verse vollkommen sind.

---

1 *Atender* es en este caso *esperar*, como el francés *attendre*. *Atender* signfica hoy *hinhören, bedienen* oder auch *aufpassen, versorgen*.

— Von mir aus. Aber mich reizen sie nicht. Sie riechen mir zu intensiv nach Weihrauch und Heuchelei.
— Kann sein. Aber die nächsten Verse kann man auch nachempfinden, ohne gläubig zu sein. Es geht um den Abbau, der mit dem Alter verbunden ist.
— So weit bin ich noch nicht.
— Aber ich. Und sie werden auch eines Tages so weit sein, falls Sie überhaupt so weit kommen. Así que haga el favor de escuchar la estrofa VIII:

Decidme, la hermosura,
la gentil frescura y tez
de la cara,
la color y la blancura,
cuando viene la vejez
¿cuál se para?[1]
Las mañas[2] y ligereza
y la fuerza corporal
de juventud,
todo se torna graveza[3]
cuando llega el arrabal[4]
de senectud.[5]

— ¿Y qué?
— Que está muy bien dicho. Que está muy bien expresado el contraste entre la juventud y la vejez o senectud. La juventud la describe con multitud de cualidades: hermosura, gentileza, color, blancura, frescura, maña, ligereza, fuerza... Para definir por contraste la vejez le basta con un concepto: la graveza, die Schwerfälligkeit, y con una imagen: el arrabal, das Randviertel.
— Verstehe ich nicht.
— Weil Sie in der Stadtmitte, mitten in der Jugend leben. Und jetzt kommen Sie mir nicht mit der Plattitüde, jeder sei so alt, wie er sich fühlt.
— Stimmt es etwa nicht?

---

1 *¿Cuál se para?* Hoy diríamos: ¿En qué se queda? Was wird daraus?
2 *Maña* es aquí *Fertigkeit, Geschicklichkeit*. Piensen en el refrán «más vale maña que fuerza», que explico en *Besserwisser IV*.
3 *Grave – schwer. Graveza – Schwere, Schwerfälligkeit*
4 *Arrabal* ist *Vorstadt*. Also ein zweitrangiges Gebiet in der Stadt im Gegensatz zur Stadtmitte. Ein Randviertel.
5 *Senectud* es *vejez*. La vejez es un arrabal. Das Alter ist also ein Randgebiet des Lebens.

— Eben nicht. Und Jorge Manrique hat es begriffen, obwohl er erst Mitte dreißig war, als er schlagartig seine Jugend verlor. Er begriff schlagartig, wie die Jugend vergeht und das Glück und das Leben auch. Escuche el final de la estrofa XIV:

así que no hay cosa fuerte,
que[1] a papas y emperadores
y prelados
así los trata la muerte
como a los pobres pastores
de ganados.

— No hay cosa fuerte, nichts ist fest, nichts hat Bestand...
— Vor dem Tod, versteht sich, denn der Tod behandelt alle gleich, ob Päpste, Kaiser, Prälaten oder einfache Hirten. O la misma idea en aquella famosa estrofa XVII:

¿Qué se hicieron las damas,
sus tocados,[2] sus vestidos,
sus olores?
¿Qué se hicieron las llamas
de los fuegos encendidos
de amadores?

— Sí, bueno, und die Moral von der Geschicht'?
— Que cada cual saque la suya. Manrique piensa que conviene concentrarse en lo esencial.
— Eso también lo pienso yo, pero me temo que lo que es esencial para Manrique no lo sea para mí.
— Pues puede que tenga Usted razón, porque para él es esencial, entre otras cosas, servir a Dios matando el mayor número de moros posible. Como su padre. La estrofa XXXVII no puede ser más clara:

— Y pues vos, claro varón,
tanta sangre derramastes[3]
de paganos,[4]
esperad el galardón[5]
que en este mundo ganastes
por las manos.

---

1 *Que* significa aquí *porque*.
2 *Tocado* es el adorno femenino de la cabeza. Puede ser de tela, puede ser Schmuck y puede ser también el peinado, die Frisur.
3 *Derramastes*: hoy decimos *derramasteis*. *Ganastes – ganasteis*.
4 *Pagano – Heide*
5 *Galardón – Preis, Belohnung*

— Wie kann man so feinfühlig und zugleich so brutal sein! Wie kann man sich rühmen, eigenhändig (¡por las manos!) Unmengen an Heidenblut vergossen zu haben!
— Frage ich mich auch. Tatsache ist, daß Manrique äußerst stolz auf seinen Vater ist, der nach einem tapferen Leben im bewaffneten Dienste eines blutrünstigen Gottes den schönsten und ruhigsten Tod stirbt:

Así, con tal entender,
todos sentidos humanos
olvidados,
cercado[1] de su mujer
y de hijos y de hermanos
y criados,
dio el alma a quien se la dio,
el cual le ponga en el cielo
y en su gloria,
y aunque la vida murió,
nos dejó harto[2] consuelo
su memoria.

— ¿Y así terminan las coplas?
— Sí, así terminan. No me negará que los últimos versos son muy bellos:

y aunque la vida murió,
nos dejó harto consuelo
su memoria.

— No, no lo niego.
— Pero bueno, no vaya Usted a creer que, a los ojos de Jorge Manrique, el único mérito de su padre consistiese en matar moros. Escuche cómo retrata a su padre en la estrofa XXVI:

Amigo de sus amigos,
¡qué señor para criados
y parientes!
¡Qué enemigo de enemigos!
¡Qué maestro de esforzados
y valientes!
¡Qué seso para discretos!
¡Qué gracia para donosos!

---

1 *Cercado – rodeado*
2 *Harto* equivale aquí a *mucho*, ähnlich wie *arg* im Sinne von *viel* bzw. *sehr*. Sonst bedeutet es *satt*.

¡Qué razón!
¡Qué benigno a los subjetos!
Y a los bravos y dañosos
¡un león!

— No entiendo algunas cosas: *¡Qué seso para discretos!*
— *Seso* es inteligencia, eso ya lo vimos al principio. Grips sozusagen. Y discreto no significa exactamente lo que hoy, diskret, sino el que sabe discernir, o sea distinguir, es decir el inteligente.
— Noch was: *¡Qué gracia para donosos!*
— *Gracia* es *Humor*, *Witz*.
— Sí, eso ya lo sé. ¿Pero donoso?
— Hoy decimos gracioso.
— ¡Ah sí! Und was sind die *subjetos*.
— Los que se someten, die sich ergeben. La palabra moderna es *súbditos*, *Untertanen*. Ihnen gegenüber war er gütig, *benigno*.
— ¿Y los *bravos*?
— Die Widerspenstigen, die Aufmüpfigen. Ihnen gegenüber war er ein Löwe.
— Da haben wir also wieder den Krieger!
— Trotzdem seien Sie so gut und lesen Sie die Strophe laut vor!
— Bueno. Si Usted me lo pide... Allá va:

Amigo de sus amigos,
¡qué señor para criados
y parientes!
¡Qué enemigo de enemigos!
¡Qué maestro de esforzados
y valientes!
¡Qué seso para discretos!
¡Qué gracia para donosos!
¡Qué razón!
¡Qué benigno a los subjetos!
Y a los bravos y dañosos
¡un león!

— Reconocerá Usted, Krieger hin oder her, que son unos versos perfectos.
— Sí, lo reconozco.
— Immerhin!

Mis fuentes:

Manfred Tietz: *Jorge Manrique. Coplas por la muerte de su padre.* En: *Die spanische Lyrik von den Anfängen bis 1870. Einzelinterpretationen.* Herausgegeben von Manfred Tietz. Frankfurt am Main 1997, S. 169-207. Der Aufsatz enthält eine ganz ulkige Übersetzung von E.R. Curtius aus dem Jahre 1947. El autor mismo no la llama Übersetzung sino Nachdichtung. Immerhin!
Jorge Manrique: *Poesía.* Edición, prólogo y notas de Vicente Beltrán. Crítica, Barcelona 1993

III.
Romances viejos

Viel mehr als nur eine Romanze

— Jetzt werde ich Ihnen meine Lieblingsromanzen rezitieren. An sich wäre das Vorsingen die «artgerechtere» Weise, Romanzen vorzutragen, denn zum Vorsingen sind sie auch verfaßt worden.
— Und warum singen Sie sie mir nicht vor?
— Weil ich, trotz meiner bekanntlich schönen Stimme, kein begnadeter Sänger bin.
— Schade!
— Die *romances* wurden auf Straßen, auf Marktplätzen, in Wirtshäusern, am heimischen Feuer gesungen oder auch rezitiert.
— Wie die Balladen halt?
— Ja, wie die Balladen. Und ich würde sie, wie gesagt, am liebsten singen und mich dabei auf der *vihuela* begleiten.
— Was ist denn eine *vihuela*?
— Das traditionelle Instrument zum Vortragen von *romances*, un antiguo instrumento de cuerda parecido a la guitarra.
— Ah ja.
— Ich werde also nur jene Romanzen zitieren und rezitieren, die mir am besten gefallen, und dazu einige Kommentare abgeben, denn Sie wissen, ich muß fast immer meinen Senf dazu geben.
— Kann es nicht einmal ohne Senf gehen?
— Nein, sorry, diese Charakterschwäche kann ich in meinem Alter leider nicht mehr abstellen. Wie dem auch sei, lo primero le diré que las primeras colecciones de romances, normalmente llamadas *Cancioneros,* se empezaron a publicar impresas ya a principios del siglo XVI. A la totalidad de los romances se la llama *Romancero.*
— Bei Heine gibt es eine Gedichtsammlung, die *Romanzero* heißt... Wissen Sie warum?
— Heine selbst erklärt es im Nachwort: «Ich habe dieses Buch Romanzero genannt, weil der Romanzenton vorherrschend in den Gedichten, die hier gesammelt.»
— Und was ist der Romanzenton?
— Das hat er nicht erklären müssen, denn seine Zeitgenossen wußten sehr wohl, was er meinte: Gerade die spanischen *romances* erfreuten sich im Deutschland des XIX. Jahrhunderts großer Beliebtheit, und nicht wenige Dichter dichteten Romanzen auf deutsch.

— Aber was ist der Romanzenton?
— Ich glaube, dieser «Ton» bezieht sich sowohl auf die Form als auch auf den Inhalt. Inhaltlich los romances cuentan historias de héroes y no héroes, donde lógicamente los temas preferidos son el amor y la muerte, la muerte y el amor, pero también la guerra y la paz, la valentía y la cobardía, la bondad y la maldad, la justicia y la injusticia, el honor y el deshonor, la fidelidad y la infidelidad, la lealtad y la traición, la suerte y la desgracia, o dicho en un lenguaje más antiguo, más propio de los romances, la ventura y la desventura; y naturalmente el eterno femenino y el no menos eterno masculino...
— ¿Y qué es según Usted eso del eterno femenino?
— La eterna Eva.
— ¿Y el eterno masculino?
— Der ewige Adam.
— Also der ewige Trottel?
— So in etwa. Los romances originales, o sea los romances viejos, cuentan esas historias en un lenguaje sencillo, popular y transparente, y en versos muy simples, normalmente de ocho sílabas, que van rimando de dos en dos, o sea los versos pares.
— Un ejemplo?
— Sí, no faltaba más. Ahí va uno de mis romances preferidos, en una versión conservada en un «pliego suelto», una especie de Flugblatt o Handzettel oder auch Heft, del siglo XVI:

En Sevilla está una ermita
cual dicen de San Simón,
adonde todas las damas
iban a hacer oración.
Allá va la mi señora,
sobre todas la mejor:
saya lleva sobre saya,[1]
mantillo de un tornasol;[2]
en la su boca muy linda
lleva un poco de dulzor
y en los sus ojuelos garzos[3]
lleva un poco de alcohol.[4]

---

1 *Saya sobre saya* – *mehrere Röcke übereinander*
2 *Mantillo* – *kleiner Umhang. Tornasol* – *ein bestimmter schillernder Stoff*
3 *Garzo* – *color azulado*
4 *Alcohol* no significa aquí el alcohol líquido, sino un «polvillo negro ... perfumado» que empleaban «las mujeres para ennegrecerse el borde de los párpados». (Diccionario de Casares)

A la entrada de la ermita,
relumbrando como el sol,
el abad que dice misa
no la puede decir, no;
monacillos[1] que le ayudan
no aciertan responder, no:
por decir «amén, amén»
decían «amor, amor».

— ¡Qué encanto! ¡Qué delicia! ¡Qué humor! Wie die schöne Dame sich, ausgerechnet zum Beten, herausputzt; wie es dem Priester, hier kein Geringerer als ein Abt, beim Anblick der schönen Dame die Sprache verschlägt, mitten in der Messe; und natürlich der Höhepunkt mit dem Wortspiel *amén, amén – amor, amor.*

— Sí, es una escena deliciosa y deliciosamente contada. ¿Pero sabe Usted cuál es el detalle que a mí más me encanta? Eso de los ojuelos garzos. El diminutivo *ojuelos* es encantador, y llamarlos *garzos* es divino. Hoy diríamos *azulados*. Kein Vergleich. Pero volvamos a la forma: Dicen hoy los entendidos que no, que los romances no constan de versos de ocho sílabas, sino de versos de dieciséis sílabas con una pausa o cesura en el medio. Si esa teoría es acertada, el romance anterior tendría la forma siguiente:

En Sevilla está una ermita   cual dicen de San Simón,
adonde todas las damas   iban a hacer oración...

— Prácticamente lo mismo.

— Sí, im Endeffekt Jacke wie Hose, denn beim Rezitieren oder Vorsingen dieser Texte ist es unerheblich, ob es sich um zwei achtsilbige oder um einen sechzehnsilbigen Vers mit Zäsur handelt. Porque los romances, como ya he dicho más arriba, se compusieron en principio para ser cantados, como las baladas.

— ¿Tambien los romances modernos?

— No, no, no necesariamente, pero aquí estamos hablando sólo de romances viejos, que son anónimos y se remontan en parte hasta los siglos XIII y XIV, e incluso quizás los haya más viejos aún.

— ¿Pero quién compuso esos romances viejos? Porque, por muy anónimos que sean, alguien los compondría.

— Pues hombre, dicen que los autores fueron muchos y ninguno.

— Explíquese.

---

1 *Monacillo – monaguillo – Meßdiener*

— Es, sí, de suponer, que alguien compusiera un primer texto, pero a medida que se iba recitando y cantando, los que lo recitaban o cantaban lo iban variando.
— Absichtlich?
— Unas veces absichtlich, para acomodarlos a una determinada situación, y otras veces unabsichtlich, aber unvermeidlich, denn in der mündlichen Überlieferung verändern wir die Texte, ob wir es wollen oder nicht.
— O sea que los textos de los romances viejos que hoy conocemos no son los originales...
— No, claro que no. Pero eso no quiere decir que sean menos valiosos que los originales. Con los cambios, a veces ganaron mucho, como es sin duda el caso del *romance del Conde Arnaldos,* que ya traté en el tomo I de mis *Besserwisser.*[1] Es un romance que me gusta mucho recitar. Pero antes de recitárselo a Usted quiero advertirle que precisamente en este romance podemos estudiar algunos elementos «típicos» del romance. Por ejemplo las formas arcaicas: hubiese por tuviese; ventura por suerte; hubo por tuvo; falcón por halcón; el hondo por el fondo; facía por hacía; nel por en él; faz por hace; fabló por habló; mástel por mástil; ora por ahora. Típicas del romance son también las repeticiones:

la caza iba a cazar;
allí fabló el conde Arnaldos, bien oiréis lo que dirá;
respondióle el marinero, tal respuesta le fue a dar.

Y típico del romance es eso que yo llamaría danza de los tiempos, ein ziemlich wilder Tanz der Verbzeiten: Die *romances* halten sich oft nicht an die strenge Logik der Erzählung, sondern springen von der Gegenwart in die Vergangenheit und umgekehrt, sowie von einer Zeit der Vergangenheit in eine andere. Manchmal tun sie das wegen des Reimes oder wegen des Versmaßes, manchmal aber auch wegen der Lebendigkeit der Erzählung: En este romance ist dieser Tanz der Zeiten besonders ausgeprägt:

vio venir una galera que a tierra *quiere* llegar;
las velas *traía* de seda..., marinero que la *manda* diciendo *viene* un cantar;
que la mar *facía* en calma, los vientos *hace* amainar.

Y salta incluso al futuro, al dirigirse a los oyentes directamente: bien *oiréis* lo que *dirá*. La viveza del relato, die Lebendigkeit der Erzählung wird dadurch erheblich gesteigert.

---

1 *Besserwisser I*, S. 69

— Ja, aber etwas naiv und unbeholfen klingt das alles schon. Dichterisch gesehen keine hohe Qualität.
— Der Meinung waren auch große Dichter, wie der Marqués de Santillana, der arg verächtlich über die *romances* geschrieben hat:
«Infimos son aquellos que sin ningún orden, regla ni cuento facen estos romances e cantares de que las gentes de baja e servil condición se alegran.»[1]

Etwas flott übersetzt:
Aber das Allerletzte sind jene, die ohne jede Ordnung, ohne jede Regel und ohne jedes Versmaß diese Romanzen und Chansons machen, an denen sich der Pöbel ergötzt.
— Ganz schön hochnäsig der Marqués.
— Ja, aber andere sind anderer Meinung. Ich zum Beispiel. Ich finde, daß gerade jene Naivität oder vermeintliche Unbeholfenheit einen guten Teil des Charmes, auch und gerade des poetischen Charmes einer guten Romanze ausmacht. Aber reden wir nicht soviel darüber und nehmen wir uns endlich den *romance del conde Arnaldos* vor:

¡Quién hubiese tal ventura
sobre las aguas del mar
como hubo el conde Arnaldos
la mañana de San Juan!
Con un falcón en la mano
la caza iba a cazar,
vio venir una galera
que a tierra quiere llegar.
Las velas traía de seda,
la jarcia de un cendal,[2]
marinero que la manda
diciendo viene un cantar
que la mar facía en calma,
los vientos hace amainar,[3]
los peces que andan nel hondo
arriba los hace andar,
las aves que andan volando

1 Esto lo escribe el Marqués en su *Prohemio e Carta*, una especie de teoría literaria en verso.
2 *La jarcia de un cendal – das Takelwerk aus Zindeltaft*
3 *Amainar* ist wahrscheinlich mit *amansar* (zähmen) verwandt und wird gerne im Zusammenhang mit dem Wind und dem Sturm im Sinne von *nachlassen* gebraucht.

nel mástel las faz posar.
Allí fabló el conde Arnaldos,
bien oiréis lo que dirá:
«Por Dios te ruego, marinero,
dígasme ora ese cantar.»
Respondióle el marinero,
tal respuesta le fue a dar:
«Yo no digo esta canción
sino a quien conmigo va.»

— Este final es umwerfend: «Yo no digo esta canción sino a quien conmigo va.» Nur demjenigen, der meinen Weg teilt, verrate ich mein Lied, also mein Geheimnis.
— So isses. Wie oft denke ich an diesen Vers, wenn jemand versucht, oder wenn ich selbst versuche, dem Leben, der Liebe, der Sprache... ihr Geheimnis von außen zu entlocken, von außen, als reiner Zuschauer oder als bloßer Zuhörer, oder rein wissenschaftlich... Es ist so wahr wie radikal und so radikal wie wahr: La vida no dice su canción sino a quien con ella va.
— Y ésta no es la única versión del tema del conde Arnaldos, supongo.
— No, hay más variantes, pero ésta es la más famosa. Y la más bella.
— ¿Y de cuándo es?
— Se publicó en Amberes en una colección titulada *Cancionero de Romances* hacia 1549. Así que ha de ser más antigua. Por cierto que he encontrado una traducción deliciosa del siglo XIX, un siglo en el que los romances españoles despertaron en Alemania un gran interés, como ya le dije. Tanto que hasta el mismísimo Hegel en su *Ästhetik* se ocupó de ellos, equiparándolos «audazmente a lo más bello que produjo la antigüedad clásica».[1] Pero bueno, escuche la traducción de que le hablo, que es de Emanuel Geibel.
— ¿El autor de «Der Mai ist gekommen»?
— El mismo. Y por lo visto tradujo poesía griega, latina, francesa, española, portuguesa... Escuche:[2]

---

1 Así lo afirma Menéndez Pidal en su *Flor Nueva de Romances Viejos*. Madrid [16]1959, p. 44. Pero yo no sé de dónde lo sacaría Menéndez Pidal, pues yo, por más que me he esforzado, no he encontrado en la *Estética* de Hegel un pasaje que diga nada semejante. Lo que yo he encontrado se lo contaré luego.

2 Yo copio esta traducción de la página 132 de Rodlek, Christoph: *Romance del conde Arnaldos.* Beitrag (S. 133–150) in: *Die spanische Lyrik von den Anfängen bis 1870.* Frankfurt am Main 1997.

Wer doch auch solch Abenteuer
Einst erführ' am Meeresstrand,
Wie's erfuhr der Graf Arnaldos
An dem Morgen Sankt Johanns!
Auf die Jagd war er gezogen
Mit dem Falken in der Hand,
Sah er da ein Schifflein fahren,
Das sich wandte zum Gestad;
Fein von Seiden hatt' es Segel,
Tau und Seil' aus Zindel klar,
Und der Schiffer, der es lenkte,
Sang so lieblichen Gesang,
Daß das Meer bezaubert ruhte
Und der Wind versank in Schlaf,
Daß die Fischlein tief vom Grunde
Aufwärts stiegen wundersam,
Und die Vögel aus den Lüften
Niederschwebten auf den Mast.
Da begann der Graf Arnaldos,
Wohl vernehmet, was er sprach:
«Bitt' um Gott dich, lieber Schiffer,
Lehr' mich singen den Gesang.»
Doch der Schiffer gab zur Antwort,
Gab zur Antwort unverzagt:
«Niemand darf mein Lied ich lehren,
Als wer mit mir stößt vom Strand.»

— Sí, realmente, la traducción está muy lograda a pesar de ir en verso. Aunque, a decir verdad, a esta traducción le falta der naive Charme oder die charmante Naivität des spanischen Textes. Der deutsche Text ist sprachlich viel zu perfekt.
— Sí, yo creo que eso es inevitable en una traducción «moderna» de un texto antiguo. Pero dejemos eso. Entre los romances líricos es éste el más estimado. Y con razón.
— ¿Por qué dice Usted «entre los romances líricos»? Yo tenía entendido que los romances son siempre narrativos, daß sie immer eine Geschichte erzählen.
— Ja, es stimmt schon, aber diese Geschichte erzählen sie in verschiedenen Tönen, unas veces en tono más bien lírico, otras en tono melodramático e incluso trágico, otras en tono épico guerrero, y los hay, y no pocos, de tono cómico e incluso picante.

— ¿Puede recitarme uno de tono picante?
— Sí, y bien picante: el de la tía que seduce a su sobrino:

Cabalga doña Ginebra
desde Córdoba la rica
con trescientos caballeros
que van en su compañía.
El tiempo hace tempestuoso,
el cielo se oscurecía,
con la niebla que hace oscura
a todos perdido había...

Doña Ginebra *hat alle* aus ihrer Begleitung *aus dem Auge verloren, alle außer...*

si no fuera a su sobrino
que de riendas la traía.

Las riendas sind die Zügel. Der Neffe führt das Pferd der Tante an den Zügeln. Deswegen hat sie ihn als einzigen nicht aus dem Auge verloren.

Como no viera a ninguno,
desta suerte le decía:[1]
Toquedes[2] vos, mi sobrino,
vuestra dorada bocina,[3]
porque la oyesen los míos,
que estaban en la montiña.
De tocarla, mi señora,
de tocar sí tocaría,
mas el frío hace grande,
las manos se me helarían,
y ellos están tan lejos,
que nada aprovecharía.
Metedlas vos, mi sobrino,
so faldas[4] de mi camisa.
Eso tal no haré, señora,
que haría descortesía,
porque vengo yo muy frío

---

1 De este modo le hablaba
2 *Toquedes – toquéis – tocad*
3 *Bocina* ist hier ein *Horn*. Wahrscheinlich ist das eine ironische Anspielung auf Roland, der in der Gefahr das Horn blasen soll, um seinen Onkel, den Kaiser Karl den Großen um Hilfe zu rufen.
4 *So faldas – debajo de las faldas, debajo de los pliegues*

y a vuestra merced helaría.
De eso no curéis,[1] señor,
que yo me lo sufriría,
que en calentar tales manos
cualquier cosa se sufría.»[2]

— Die Tante ist alles andere als zimperlich. Und scharf auf ihren Neffen scheint sie auch zu sein.
— Ja, und dem Neffen entgeht es auch nicht. Er zeigt sich durchaus der Situation gewachsen:

El, de que vio el aparejo,[3]
las sus manos le metía,[4]
pellizcárale[5] en el muslo,
y ella reído se había.
Apeáronse[6] en un valle
que allí cerca parescía,
solos estaban los dos,
no tienen más compañía,
como ven el aparejo,
mucho holgado se habían.

— Usted dice que la tía seduce al sobrino, pero a mí me parece que el sobrino tampoco se chupa el dedo.[7]
— No, no se chupa el dedo. Yo creo que el sobrino sabe[8] tanto o más que su tía.
— Tal para cual.[9]
— Pero bueno, ¿ha entendido Usted todo?

---

1 *De eso no curéis – por eso no os preocupéis*
2 *En calentar tales manos cualquier cosa se sufría – por calentar tales manos estaría dispuesta a sufrir cualquier cosa.*
3 *El aparejo* es aquí *la oportunidad*
4 *Meter mano a alguien* ist heute noch eine Redewendung mit einer eindeutig sexuellen Bedeutung.
5 *Pellizcar – zwicken. Pellizcara* es en sí una forma de subjuntivo, pero no es raro en el castellano antiguo, y en concreto en los romances, que se utilice simplemente en sentido pasado, equivalente a *pellizcó* o *pellizcaba*. Hoy todavía es normal este uso en Galicia, como cuento en la página 154 del tomo I de mis *Besserwisser*.
6 *Apearse* viene de pie y significa *aussteigen*.
7 *Chuparse el dedo* significa *Daumen lutschen*, y *no chuparse el dedo* significa *nicht auf den Kopf gefallen sein*.
8 No sé si Ustedes conocen el sentido de *saber mucho* im Sinne von *verschlagen sein, schlau sein, mit allen Wassern gewaschen sein*.
9 *Tal para cual – wie füreinander geschaffen*

— Pues sí, todo menos eso del aparejo, que aparece dos veces: una vez es el sobrino el que «vio el aparejo», y otra vez son los dos los que «ven el aparejo».
— Sí, el aparejo es aquí la oportunidad, la ocasión propicia, die Chance, que diríamos en alemán moderno.
— Und die beiden nutzen die Chance, wirklich, sie nutzen sie reichlich. El verso final lo dice bien clarito: «mucho holgado se habían». Que es lo mismo que decir, supongo yo, daß sie sich nach allen Regeln der Kunst miteinander vergnügten.
— Sí, en muchos romances aparece este verbo *holgar* o *folgar* para decir eso que en schamhaftem Deutsch se llama *intim werden*.
— ¿Y de cuándo es este texto?
— Lo conocemos por una colección que se publicó en Zaragoza en 1551.
— Es ist interessant, mit welcher Unverblümtheit hier eine durch und durch unzüchtige Verführung erzählt wird.
— Ja, zumal im Text nicht die geringste Spur einer moralisierenden Zensur oder einer Strafe enthalten ist. Der Text erzählt vergnüglich und vergnügt, wie sich Tante und Neffe vergnügen. Diese Amoralität ist aber untypisch für die *romances*. Por cierto que este tema de los amores entre la tía y el sobrino se trata también en tono lírico-trágico en aquel *romance de Tristán e Iseo*.
— ¿Es el tema tradicional de Tristan und Isolde?
— Sí, exactamente, y no es raro que los romances traten temas comunes a las baladas y canciones del resto de Europa. Pero escuche:

Herido está don Tristán
de una muy mala lanzada,
diérasela[1] el rey su tío
por celos que de él cataba;[2]
diósela desde una torre
con una lanza herbolada,[3]
el hierro tiene en el cuerpo,
de fuera le tiembla el asta.[4]

— Tristan muß gerade verletzt worden sein, denn der Lanzenschaft vibriert noch.
— Sí, eine sehr plastische Erzählung. Und der arme Tristan klagt:

---

1 *Diérasela – se la dio*
2 *Catar* equivale aquí a *tener*.
3 *Herbolada – con hierbas venenosas*. Die Lanze war also vergiftet.
4 *El asta de la lanza* ist der *Lanzenschaft*.

Mal se queja don Tristán,
que la muerte le aquejaba;[1]
preguntando por Iseo
muy tristemente lloraba:
«¿Qué es de ti, la mi señora?
Mala sea tu tardanza,
que si mis ojos te viesen
sanaría esta mi llaga.»[2]

— Der arme Kerl liegt im Sterben und hat trotzdem Muse für poetische Übertreibungen... Er *beklagt die Verspätung der Geliebten, deren Anblick seine Wunde heilen würde...*
— So ist die Liebe halt. Und die Königin, Tante und Geliebte zugleich, kommt in Trauerkleidung. Sie will ihre Liebe vor ihrem Gemahl, dem König, nicht mehr verbergen:

Llegó allí la reina Iseo,
la su linda enamorada,
cubierta de paños negros,
sin del rey dársele nada.[3]

«¡Quien vos hirió, don Tristán,
heridas tenga de rabia,[4]
y que no hallase maestro
que supiese de sanallas!»

— Sie wünscht demjenigen, der den Tristan verwundet hat, ihrem eigenen Mann also, eine Tollwut, *die kein Meister zu heilen vermag.*
— Genau! Und dann lieben Sie sich, so weit es unter diesen Bedingungen geht. Und sie heulen und dann sterben sie. Und auf ihrem Grab wächst eine weiße Lilie.
— Werden sie dann doch zusammen beerdigt?
— Aber sicher. So sicher, daß es nicht einmal erzählt wird. Es wird einfach vorausgesetzt:

Júntanse boca con boca,
juntos quieren dar el alma,
llora el uno, llora el otro,

---

1 *La muerte le aquejaba – der Tod bedrängte ihn.*
2 *Llaga – herida*
3 Sin del rey dársele nada – sin preocuparse de lo que el rey pudiera pensar, decir o hacer – ohne den König Beachtung zu schenken.
4 *Rabia* es aquí *Tollwut*.

la tierra toda se baña;
allí donde los entierran
nace una azucena blanca.

Hay diversas versiones. Esta es la versión que trae Menéndez Pidal en su *Flor nueva de romances viejos*.
— Es una versión bien romántica.
— Sí, y las hay más románticas todavía. Pero siguiendo con los romances lírico-trágicos, le voy a recitar uno que a mí siempre me hace llorar. O mejor que recitárselo, vamos a escuchar la versión que canta Amancio Prada.
— ¿Y quién es Amancio Prada?
— ¿Pero no conoce Usted a Amancio Prada?
— Pues no, no tengo el gusto.
— Amancio Prada es el cantante con la voz más tierna que yo he escuchado en mi vida.
— ¿Y qué canta?
— Muchas cosas. Yo le puedo prestar a Usted tres discos: uno con poesías de Rosalía de Castro, otro con el *Cántico Espiritual* de Juan de la Cruz, y otro que se titula *Canciones de amor y celda*, que es donde canta este *romance del enamorado y la muerte*. Escuche:

Yo me estaba reposando
anoche como solía,
soñaba con mis amores,
que en mis brazos se dormían.
Ví entrar señora tan blanca,
muy más[1] que la nieve fría.
— ¿Por dónde has entrado, amor?
¿Por dónde has entrado, vida?
Las puertas están cerradas,
ventanas y celosías.[2]
— No soy el amor, amante:
la Muerte que Dios te envía.
— ¡Oh, Muerte tan rigurosa,
déjame vivir un día!
— Una día no puedo darte,
un hora tienes de vida.
Muy deprisa se levanta,

1 Hoy decimos *mucho más.*
2 *Celosías – Jalousien*

más de prisa se vestía;
ya se va para la calle,
en donde su amor vivía.
— ¡Abreme la puerta, blanca,
ábreme la puerta, niña!
— ¿La puerta cómo he de abrirte
si la hora no es convenida?
Mi padre no fue a palacio,
mi madre no está dormida.
— Si no me abres esta noche,
ya nunca más me abrirías;
la Muerte me anda buscando,
junto a tí vida sería.
— Vete bajo la ventana
donde bordaba[1] y cosía,
te echaré cordón de seda
para que subas arriba,
y si la seda no alcanzare
mis trenzas[2] añadiría.
La fina seda se rompe;
la Muerte que allí venía:
— Vamos, el enamorado,
la hora ya está cumplida.

— Se me ha puesto carne de gallina.[3]
— A mi también, aunque lo he escuchado ya mil veces. Y ya que estamos con Amancio Prada y sus *canciones de amor y celda*, vamos a escuchar otro romance, más conocido que el del enamorado y la muerte, y que a mí me conmueve tanto o más que él. Es el *romance del prisionero*:

Que por mayo, era por mayo,
cuando hace la calor,[4]
cuando los trigos encañan[5]
y están los campos en flor,

---

1 *Bordar – sticken*
2 *Trenzas – Zöpfe*
3 *Carne de gallina – Gänsehaut*
4 *Calor*: *el calor, la calor*. La forma femenina no es sólo un arcaísmo, pues sigue utilizándose aun hoy en día, sobre todo en Andalucía.
5 *Encañar* viene de *caña*, Rohr, in diesem Fall *Halm*. *Los trigos encañan* bedeutet also, daß der Weizen soweit gediehen ist, daß er schon Halme entwickelt.

cuando canta la calandria[1]
y responde el ruiseñor,
cuando los enamorados
van a servir al amor,
sino yo[2] triste y cuitado[3]
que yago[4] en esta prisión,
que ni sé cuándo es de día
ni cuándo las noches son,
sino por una avecilla[5]
que me cantaba al albor.[6]
Matómela un ballestero,[7]
déle Dios mal galardón.[8]

— Sí, yo este romance lo conocía ya. Lo trata Usted en alguno de sus *Besserwisser*.[9]

— Sí, es quizás mi romance preferido, más aún que el del Conde Arnaldos. De tanto escucharlo y recitarlo me lo sé ya de memoría. Pero sigue emocionándome casi como la primera vez que lo escuché. Los versos primeros, rebosantes[10] *de primavera:*

Que por mayo, era por mayo,
cuando hace la calor,
cuando los trigos encañan
y están los campos en flor,
cuando canta la calandria
y responde el ruiseñor...

— Y rebosantes de gozo erótico:

cuando los enamorados
van a servir al amor...

---

1 *Calandria – Lerche*
2 *Sino yo – außer mir, nur ich nicht*
3 *Cuitado* viene de *cuita, Sorge*. Actualmente *cuitado* significa más bien *armer Tropf*. En Galicia se utiliza mucho en este sentido y se dice *coitado, coitadiño*.
4 *Yago* viene de *yacer*, liegen: Ich liege. Hoy se diría *yazgo*. Leider!
5 *Sino por una avecilla – wäre nicht ein Vögelchen da.*
6 *Al albor – in der Morgendämmerung. Albo* es *blanco*. Ich empfinde *el albor* als ein wunderschönes Wort, und *la alborada* ebenso.
7 *Ballesta – Armbrust*
8 *Galardón – premio. Déle Dios mal galardón – Gott möge es ihm heimzahlen.*
9 *Besserwisser III*, páginas 85-86 y 104
10 Rebosar es überquellen, überschwappen

— Und unvermittelt der Kontrast, die trostlose Existenz des Gefangenen, der in einem dunklen Loch schmachtet und nicht einmal zwischen Tag und Nacht zu unterscheiden vermag:

sino yo triste y cuitado
que yago en esta prisión,
que ni sé cuándo es de día
ni cuándo las noches son...

— Außer...
— Ja, der einzige Lichtblick ist der Gesang eines Vögelchens. Daran kann der Gefangene die Morgendämmerung erkennen:

sino por una avecilla
que me cantaba al albor.

Und dann der Schlag, das äußerst knappe, grausame Ende jenes äußerst bescheidenen Glücks. Nur ein einziger Vers:

Matómela un ballestero...

Und wieder nur ein einziger Vers, um die Verzweiflung jenes Gefangenen auszudrücken:

déle Dios mal galardón.

— Ein Meisterwerk.
— Ohne Zweifel ein Meisterwerk.
— ¿Y es ésta la única versión?
— No, pero es ésta la que a mí más me gusta. Por cierto que también este romance lo tradujo en el siglo XIX Emanuel Geibel.[1] Allerdings übersetzte er eine andere, kürzere Version. Escuche:

Ach, im Maien wars, im Maien,
Wo die warmen Lüfte wehen,
Wo verliebte Leute pflegen,
Ihren Liebchen nachzugehen.

Ich allein, ich armer Trauriger,
Lieg im Kerker so verschmachtet,
Und ich seh nicht, wann es taget.
Und ich weiß nicht, wann es nachtet.

---

1 Se publicó por primera vez en 1852. Yo lo tomo de: *Spanisches Liederbuch,* de Emanuel Geibel y Paul Heyse, publicado en 1952 en el Insel Verlag, página 44.

Nur an einem Vöglein merkt ich's,
Das da drauß im Baume sang;
Das hat mir ein Schütz getötet –
Geb ihm Gott den schlimmsten Dank!

¿Qué le parece?
— Alles in allem gut und sogar reizend. Mich stören bloß die zwei Verse:

Nur an einem Vöglein merkt ich's,
Das da drauß im Baume sang...

Denn sie sind eine äußerst dürftige Wiedergabe von:

sino por una avecilla
que me cantaba al albor.

— Sí, tiene Usted razón.
— ¿Sabe lo que le digo? Que me apetecería hacer una pausa, porque si no, me va a entrar una indigestión de romances. Yo nunca he podido leer muchos poemas seguidos. Leer poesía me cansa mucho.
— Bien. Podemos aprovechar la pausa para hablar un poco de los romances a otro nivel, beinahe literaturwissenschaftlich. Porque no sé si Usted sabe por qué se llama romances a estos poemas.
— Pues francamente no, no lo sé.
— Ahora se lo explico: La palabra *romance* viene del adverbio latino *romanice*, que significa *römischerweise*. O sea que hablar *romanice* era hablar como los romanos, quienes, como Usted bien sabe, ocuparon Iberia en el siglo I y la romanizaron a fondo.
— Sí, hasta ahí llegan mis conocimientos.
— Así que se fue imponiendo la lengua romana, que no era otra que el latín, el latín de los soldados y mercaderes. De modo que la gente en Iberia hablaba cada vez más *romanice*, römischerweise, es decir como los romanos. Y ese modo de hablar römischerweise se fue diferenciando, a lo largo de los siglos, cada vez más del latín original, dando lugar con el tiempo a lenguas nuevas, lenguas «romances», que en la Península Ibérica, como Usted igualmente sabe, son varias.
— Sí, el castellano, el portugués, el gallego y el catalán. Es lo que hoy llamamos lenguas románicas.
— Eso es. Y llegó un momento en que en Iberia el latín no lo sabían y hablaban más que la gente «culta», mientras que el resto de los mortales hablaba romance. Así que, paradójicamente, hablar en romance pasó a significar no hablar en latín, sino hablar en la lengua cotidiana, en la lengua de la calle, en la lengua del pueblo, es decir en la lengua de la gente normal y corriente. Más tarde se llamó romance a estas narraciones

rimadas o canciones «populares» compuestas en lengua romance. Y supongo que Usted sabe que *popular* en castellano significa tanto *populär* como *volkstümlich.*

— Sí, ya lo sé, pero no importa.

— Así que der erfrischende Kluge vuelve a dar en el clavo en su *Etymologisches Wörterbuch* al definir los romances como «episch-lyrische Stücke in frischem Volkston». ¿Y quiere Usted saber lo que escribe Hegel sobre los romances?

— Wenn es sein muß...

— Es muß nicht sein, aber ich sage es Ihnen trotzdem, zur Bereicherung Ihrer Allgemeinbildung, sozusagen. Es spricht Hegel. Hören Sie genau zu.

— Ich versuche es.

— Na gut. Beim Versuch, den Unterschied zwischen epischer und lyrischer Dichtung herauszuarbeiten, kommt der bekanntlich äußerst kluge Hegel in seiner *Ästhetik* logischerweise dahinter, daß manchmal die epische Erzählung in Lyrik übergeht und umgekehrt. Hablando de las baladas y los romances escribe Hegel:

«...nicht die subjektivitätslose Schilderung und Ausmalung des realen Geschehens, sondern umgekehrt die Auffassungsweise und Empfindung des Subjekts, die freudige, aber klagende, mutige oder gedrückte Stimmung, die durch das Ganze hindurch klingt, ist die Hauptsache, und ebenso gehört auch die Wirkung, zu welcher solch ein Werk gedichtet wird, ganz der lyrischen Sphäre an. Was nämlich der Dichter im Hörer hervorzubringen beabsichtigt, ist die gleiche Gemütsstimmung, in die ihn das erzählte Begebnis versetzt, und welche er deshalb ganz in die Darstellung hineingelegt hat. Er drückt seine Schwermut, Trauer, Heiterkeit, seine Glut des Patriotismus usf. in einem analogen Begebnis in der Weise aus, daß nicht der Vorfall selbst, sondern die sich darin widerspiegelnde Gemütslage den Mittelpunkt ausmacht, weshalb er denn auch vorzugsweise nur diejenigen Züge heraushebt und empfindungsvoll schildert, welche mit seiner inneren Bewegung zusammenklingen, und insofern sie dieselbe am lebendigsten aussprechen, das gleiche Gefühl auch im Hörer anzuregen am meisten befähigt sind. So ist der Inhalt zwar episch, die Behandlung aber lyrisch.»

Und ebenso «breitet sich die Lyrik auch zur schildernden Erzählung aus. Als nächste und einfachste Form will ich in diesem Kreise nur die Romanze nennen, insofern sie die verschiedenen Szenen einer Begebenheit vereinzelt, und dann jede für sich, in vollem Mitgefühle der Schilderung, rasch in gedrungenen Hauptzügen fortgehend darstellt. Diese feste und bestimmte *Auffassung des eigentlich Charakteristischen einer Situation und scharfe Heraushebung bei der vollen subjektiven Teilnahme tritt besonders bei den Spaniern in nobler Weise hervor und verleiht ihren erzählenden Romanzen eine große Wirkung.»*[1]

— Und woher wußte Hegel über die Romanze so genau Bescheid?

— Ich bin kein Hegelspezialist, aber Lizandra Ribot, eine befreundete Hegelspezialistin, sagte mir, daß es nichts gibt, womit der Hegel sich nicht beschäftigt hätte. Das habe er deswegen tun müssen, weil das Nachspüren der Entwicklung des Geistes sein Anliegen gewesen sei.

— Ah ja!

— Und ein paar Seiten später schreibt er: «Dann aber macht nicht die reale Objektivität (...) sondern das Anklingen des Äußern an das Gemüt, die dadurch erregte Stimmung, das in solcher Umgebung sich empfindende Herz das eigentlich Lyrische aus. (...) Das deutlichste Beispiel liefern hiefür die Romanze und Ballade, welche, wie ich schon oben andeutete, um so lyrischer sind, je mehr sie von der berichteten Begebenheit nur gerade das herausheben, was dem inneren Seelenzustande entspricht, in welchem der Dichter erzählt, und uns den ganzen Hergang in solcher Weise darbieten, daß uns daraus diese Stimmung selber lebendig zurückklingt.»[2]

— Das ist sehr gut gesagt, sogar einigermaßen verständlich. Anstrengend ist es trotzdem. Und so brauche ich jetzt, um mich von diesen Zitaten zu erholen, wieder eine Romanze, und zwar eine besonders schöne.

— Entonces voy a recitarle otro de mis romances preferidos, el *romance de la infantina*,[3] que, por su tema y su estilo casi podría ser un cuento de hadas clásico, ein Märchen, pero sin happy end. Vea cómo le fue a aquel caballero que dejó pasar la oportunidad de su vida por ir a consultar a su madre. Desde luego, los hay que no tienen remedio:[4]

A cazar va el caballero,
a cazar como solía,
los perros lleva cansados,

---

1 G. W. F. Hegel: *Sämtliche Werke.* Stuttgart-Bad Cannstatt 1964. Diesen Text habe ich im 14. Band, dem dritten der *Vorlesungen über die Aesthetik*, auf Seite 425-427 gefunden.

2 Im selben Buch, Seiten 448–449

3 *Infantina* es un diminutivo de *infanta*. (Este diminutivo terminado en *-ino* o *-ina* es típico de Asturias.) Ya sabrán Ustedes que *infante* significa en principio *bebé*, es decir el *niño que no habla* (latín *infans*); pero luego pasa a significar *hijo del rey;* la infanta es la hija del rey.

4 He tomado este romance de la *Flor Nueva de Romances Viejos.* Está en las páginas 249-250.

el halcón[1] perdido había;
andando, se le hizo noche
en una oscura montiña.
Sentárase al pie de un roble,
el más alto que allí había:
el troncón[2] tenía de oro,
las ramas de plata fina;
levantando más los ojos
vio cosa de maravilla:
en la más altita rama
viera estar una infantina;
cabellos de su cabeza
con peine de oro partía...

— La infanta, en lo alto de un árbol, se peina con un peine de oro. Esto de que una mujer muy bella esté encaramada en lo alto y se peine con un peine de oro debe de ejercer un encanto especial sobre los poetas, pues la Lorelei de Heine, sentada allá arriba en la roca sobre el Rhin, hace lo mismo que la infantina del romance:

Die schönste Jungfrau sitzet
dort oben wunderbar;
ihr goldnes Geschmeide blitzet,
sie kämmt ihr goldenes Haar.
Sie kämmt es mit goldenem Kamme...

— Tiene Usted toda la razón. Eso no se me había ocurrido a mí. Pero sigamos:

en la más altita rama
viera estar una infantina;
cabellos de su cabeza
con peine de oro partía
y del lado que los parte,
toda la rama cubrían;
la luz de sus claros ojos
todo el monte esclarecía.
«No te espantes, caballero,
ni tengas tamaña grima;[3]

---

1 *Halcón – Falke*
2 *Troncón – tronco – Stamm*
3 *Grima* equivale aquí a *miedo*. La *grima* está realmente emparentada con Grimm,

hija soy yo del gran rey
y de la reina de Hungría;
adáronme siete hadas[1]
en brazos de mi madrina,[2]
que quedase por siete años
hadada en esta montiña.
Hoy hace los siete años,
mañana se cumple el día;
espéresme, caballero,
llévesme en tu compañía.»
«Esperéisme vos, señora,
hasta mañana, ese día;
madre vieja tengo en casa,
buen consejo me daría.»
La niña le despidiera
de enojo y melancolía:
«¡Oh, mal haya[3] el caballero
que al encanto no servía;
vase a tomar buen consejo
y deja sola a la niña!»
Ya volvía el caballero,
muy buen consejo traía;
busca la montiña toda,
ni halló roble, ni halló niña;
va corriendo, va llamando,
la niña no respondía.
Tendió los ojos al lejos,[4]
vio tan gran caballería;
duques, condes y señores
por aquellos campos iban;
llevaban la linda infanta,
que era ya cumplido el día.

---

grimmig.

1 *Un hada – eine Fee. Hada* tiene que ver con *hado*, que no es la forma masculina de *hada*, sino que viene directamente del latín *fatum* y significa por tanto *destino*. De ahí el adjetivo *fatal*. De *hado* o de *hada* viene el verbo *hadar*, que equivale a *encantar – verzaubern*. Die Märchen heißen cuentos, oder genauer cuentos de hadas.

2 *Madrina – Patin*. Der *Pate* es el *padrino*.

3 *Mal haya* es una maldición: *verflucht sei!*

4 *Al lejos – a lo lejos*

El triste del caballero
por muerto en tierra caía,
y desque[1] en sí hubo tornado,[2]
mano a la espada metía:[3]
«Quien pierde lo que yo pierdo,
¿qué pena no merecía?
¡Yo haré justicia en mí mismo,
aquí acabará mi vida!»

Y colorín colorado, este cuento se ha acabado.[4]
— Sí, realmente, parece un cuento de hadas.
— Por cierto que este aspecto de cuento fantástico no es típico del romance, y por eso a Menéndez Pidal, el gran investigador del romancero, este romance no le agrada. Dice que este romance queda «muy por bajo de la belleza ideal del romance español».[5] Es mag sein, aber mir gefällt gerade diese Romanze besonders gut.
— ¿Y se puede saber por qué?
— Pues porque trata de un modo delicioso un tema tan espinoso[6] como el de la emancipación.
— ¿La emancipación?
— Sí, la emancipación del hijo frente a su madre. Este pobre caballero, por ir a pedir la opinión de su madre, pierde, como le decía antes, la oportunidad amorosa de su vida.
— Pues sí, so hatte ich das nicht gesehen.
— Vielleicht hängen Sie selbst noch zu sehr an Ihrer Mutter...
— Reden wir lieber über was anderes.
— Von mir aus.
— O.K. Jetzt, zur Abwechslung, hätte ich gerne eine ausgesprochen «epische» Romanze, o sea un romance que nos cuente una historia, a poder ser una historia real.
— Con mucho gusto. Le voy a leer el *romance de la muerte del príncipe Alfonso de Portugal*. Déjeme que lo busque. Sí, aquí está. En la edición de los romances de Giuseppe Di Stefano lleva el número 79. Pero antes

1 *Desque – desde que – luego que – en cuanto.* Es una forma anticuada.
2 *Tornar – volver. Volver en sí* es, igualito que en alemán, *wieder zu sich kommen.* Ya ven que aquí se emplea la forma del pretérito anterior *(hubo tornado)*, que hoy ya no se usa. (Ver *Besserwisser I*, p 112)
3 Hoy decimos: echó mano a la espada.
4 Así terminan normalmente los cuentos cuando se cuentan de palabra.
5 *Flor Nueva de Romances Viejos*, en la página 251
6 *Espinoso* viene de espina, Dorn, Stachel, pero no significa stachelig sino más bien *haarig*.

de leérselo, déjeme que le cuente la historia de la muerte de don Alfonso, porque si no, no va a entender Usted nada.
— Sí, porque yo no tengo ni idea de esa historia.
— Pues mire, el Príncipe Alfonso, heredero del trono de Portugal, hijo de la reina Leonor y del rey João, estaba a sus 16 años recién casado con la infanta Isabel, hija de Isabel de Castilla y Fernando de Aragón...
— ¿Los que llaman los Reyes Católicos?
— Exacto.
— Así que estamos en el último cuarto del siglo XV.
— Sí, más exactamente estamos en el año 1491, y más exacto aún, el 11 de julio de 1491. Pues bien, aquella tarde, ya casi de noche, a orillas del Tajo, el príncipe Alfonso, en un arranque de jugendlichem Übermut, ritt mit einen Kumpel um die Wette, con tan mala fortuna que se cayó del caballo...
— ¿Y se mató?
— No del todo. Quedó en coma y no murió hasta la noche del 12 al 13. Y con él murieron muchas esperanzas. Pues bien, el romance da por supuesto que los oyentes conocen los detalles de esta historia y comienza de lleno con un lamento:

¡Ay, ay, ay, qué fuertes penas!
¡Ay, ay, ay, qué fuerte mal!
Hablando estaba la reina
en su palacio real
con la infanta de Castilla,
princesa de Portugal.
¡Ay, ay, ay, qué fuertes penas!
¡Ay, ay, ay, qué fuerte mal!
Allí vino un caballero
con grandes lloros llorar:
— Nuevas te traigo, señora,
dolorosas de contar.
¡Ay, ay, ay, qué fuertes penas!
¡Ay, ay, ay, qué fuerte mal!
¡Ay!, no son de reino extraño,
d'aquí son, de Portugal:
Vuestro príncipe, señora,
vuestro príncipe real
¡Ay, ay, ay, qué fuertes penas!
¡Ay, ay, ay, qué fuerte mal!
es caído d'un caballo,
el alma quiere a Dios dar.

Si lo queredes ver vivo
non queredes detardar.[1]
¡Ay, ay, ay, qué fuertes penas!
¡Ay, ay, ay, qué fuerte mal!
Allí estaba el rey su padre
que quiere desesperar.
Lloran todas las mujeres,
casadas e por casar.
¡Ay, ay, ay, qué fuertes penas!
¡Ay, ay, ay, qué fuerte mal!

— Es ist erstaunlich. Aquí se cumple exactamente lo que acabamos de leer en Hegel cuando dice que los romances «von der berichteten Begebenheit nur gerade das herausheben, was dem inneren Seelenzustande entspricht, in welchem der Dichter erzählt, und uns den ganzen Hergang in solcher Weise darbieten, daß uns daraus diese Stimmung selber lebendig zurückklingt.»
— Ja, tatsächlich. Als hätte er gerade diese Romanze gemeint.
— Pero bien, dejemos a Hegel. Yo tengo entendido que hay muchos romances de carácter más bien épico...
— Sí, son los muchos romances que tienen como protagonistas a caballeros de la corte de Carlomagno, al Cid Campeador, a los Infantes de Lara, a Bernardo del Carpio, a Don Rodrigo, el último rey godo...
— ¿Y por qué no me cita Usted aquí ninguno de esos romances?
— Porque no son mis romances predilectos, y en este libro ya he anunciado que no citaré más que poemas que a mí me produzcan un placer especial.
— Ese es un criterio muy subjetivo....
— Sí, lo es. Y usted, si quiere leer esos romances, los encuentra con toda facilidad en las colecciones de romances que cito aquí en las notas.
— Bien, como Usted quiera. ¿Me permite Usted que cambie de tema?
— Usted dirá.
— Pues bien, eine Romanze bedeutet im Deutschen auch eine Liebesaffäre, eine kurzlebige, nicht selten romantische Liebesbeziehung. ¿Sabe Usted por qué?
— Bueno, en castellano también puede tener ese siginificado. El Diccionario de la Real Academia lo incluye: «relación amorosa pasajera». Y yo llamaría también romance en este sentido a una relación amorosa loca o incluso a una relación amorosa imposible e incluso trágica.

1 No os retraséis, no perdáis tiempo.

— ¿Y sabe Usted por qué se llama romances a ese tipo de amores?
— No lo sé, pero me lo imagino. Pienso que eso se deberá a que algunos de los romances más conocidos describen ese tipo de relaciones amorosas pasajeras, locas o imposibles e incluso trágicas.
— ¿Por ejemplo?
— Pues por ejemplo el romance que ya cité de *la reina Ginebra* y su sobrino. O *el enamorado y la muerte*.
— ¿Y un ejemplo de amor romántico imposible e incluso francamente trágico?
— Sí, el de *Tristán e Iseo*, que ya vimos, o el del *Conde Olinos*, que en otras versiones se llama el *Conde Niño*:[1]

Paseaba el conde Olinos
mañanita de San Juan
a dar agua a su caballo
a las orillas del mar.
Mientras su caballo bebe
Olinos dice un cantar:
«Bebe mi caballo, bebe,
Dios te me libre del mal,
de los vientos de la tierra
y de las furias del mar.»
De altas torres de palacio
la reina le oyó cantar:
«Mira, hija, cómo canta
la sirena de la mar.»
«No es la sirenita, madre,
que esa tiene otro cantar;
es la voz del conde Olinos,
que por mis amores va.»
«Si es la voz del conde Olinos,
yo le mandaré matar,
que para casar contigo
le falta sangre real.»
«No le mate usted, mi madre,
no le mande usted matar,
que si el conde Olinos muere,
a mi la muerte me da.»
Guardias mandaba la reina

---

1 Cito aquí la versión que trae Giuseppe Distefano: *Romancero*.Taurus, Madrid 1993, en la página 410.

al conde Olinos matar.
El murió a la media noche
y ella a los gallos cantar.

— Impresionante.

— Sí, esta versión es tanto más impresionante cuanto que acaba en picado[1] y como pura tragedia. Más románticas aún son otras versiones que no terminan en picado. Por ejemplo la siguiente, recogida en la tradición oral en Gran Canaria hace muy poco, en 1981:[2]

A ella, como hija de reyes,
la entierran en el altar;
a él, como hijo de conde,
unos pasos más atrás.
De ella nació un rosal blanco,
dél nació un espino albar;[3]
crece el uno, crece el otro,
los dos se van a juntar;
las ramitas que se alcanzan
fuertes abrazos se dan,
y las que no se alcanzaban
no dejan de suspirar.
La reina llena de envidia
ambos dos mandó cortar;
el galán que los cortaba
no cesaba de llorar.
De ella naciera una garza,[4]
de él un fuerte gavilán;[5]
juntos vuelan por el cielo,
juntos vuelan par a par.

— O sea que el amor es más fuerte que la muerte...

— Sí, bien romántico, como Usted ve.

— Y con un final tan romántico podríamos concluir el capítulo de los romances.

— Pues concluyamos.

---

1 Un *vuelo en picado* es ein *Sturzflug*

2 Esta variante la trae el mismo Distefano en la página 412 del libro que acabo de citar.

3 *Espino albar – Weißdorn*

4 *Garza – Reiher*

5 *Gavilán – Sperber*

Mis fuentes:

Cien romances escogidos. Selección y prólogo de Antonio G. Solalinde. Espasa-Calpe, Madrid [4]1958

Deutschmann, Olaf: *Spanische Romanzen*. Verlag Peter Lang, Frankfurt/M 1989

El Romancero viejo. Edición de Mercedes Díaz Roig. Cátedra, Madrid [17]1992

Flor Nueva de Romances Viejos que recogió de la tradición antigua y moderna R. Menéndez Pidal. Espasa-Calpe, Madrid [16] 1959

Geibel, Emanuel / Heyse, Paul: *Spanisches Liederbuch*. Insel Verlag 1952

Ohlischlaeger M., Die spanische Romanze in Deutschland. Freiburg i. B. 1926

Rodlek, Christoph: *Romance del conde Arnaldos*. Beitrag (133-150) in: *Die spanische Lyrik von den Anfängen bis 1870*. Frankfurt am Main 1997

Romancero. Edición de Giuseppe Di Stefano. Taurus, Madrid 1993

IV.
Gutierre de Cetina
1520–1554

¡Qué ojos!

— Este poema me lo sé de memoria. Se lo voy a recitar a Usted de un tirón, in einem Zug sozusagen. Es muy breve:

Ojos claros, serenos,
si de un dulce mirar sois alabados,[1]
¿por qué, si me miráis, miráis airados?[2]
Si cuanto más piadosos[3]
más bellos parecéis a aquél que os mira,
no me miréis con ira
porque no parezcáis[4] menos hermosos.
¡Ay, tormentos rabiosos![5]
Ojos claros, serenos,
ya que así me miráis, miradme al menos.

Der Dichter ist so vernarrt...
— In eine Frau?
— Das nehme ich an! Also, der Dichter ist so vernarrt in eine Frau, die seine Liebe nicht erwidert, daß er sie anfleht, *ihn doch mindestens anzuschauen, und sei es im Zorn.*
— Einfach, beinahe banal. Verliebtheit halt.
— Wäre da nicht die vollkommene Form! Aber darüber später. Ahora déjeme que le diga que esta composición es un madrigal, quizás el madrigal más conocido de la poesía española. Y por eso lo encontrará en toda antología.

---

1 *De un dulce mirar* es una forma arcaica, semejante a la construcción alemana *ob eines süßen Blickes*. Hoy diríamos *por un dulce mirar*.
Sois alabados es la forma pasiva: ihr werdet gelobt.

2 *Airado* viene de *ira*, Zorn. Also zornig, erzürnt.

3 *Piadosos* es aquí lo contrario de airados. Sanft? Recuerden la palabra alemana *Pietät*. Hoy en día *piadoso* suele equivaler a *fromm*.
Si cuanto más piadosos más bellos parecéis... Este *si* no es condicional, no equivale a *falls* sino a *wenn* en el sentido de da, nachdem.

4 *...porque no parezcáis...* Este *porque* equivale en este caso a *para que* y lleva lógicamente subjuntivo. *Porque*, en el sentido de *weil*, lleva indicativo.

5 *¡Ay, tormentos rabiosos!* Ustedes saben que rabia es Wut y Tollwut. Rabioso es tollwütig, wütend und auch tobend. Dieser Vers auf deutsch? Vielleicht so: Ach! Diese tobende Qual!

— ¿Y qué es un madrigal?
— Un madrigal es un poema breve, delicado, generalmente de amor.
— ¿Y se sabe de quién es?
— Sí, este madrigal lo escribió un soldado que había nacido en Sevilla hacia 1520 y que murió en México en la primavera de 1554. Por cierto que lo mataron mientras dormía y por error. No era él a quien el asesino quería matar. Por lo visto le confundió con otro. Mala suerte. Pues bien, con buena o mala suerte se llamaba Gutierre de Cetina y, aunque escribió otros poemas bellos, este madrigal bastó para hacerle famoso. Y con razón. Yo espero que a Usted le agrade tanto que, como yo, se lo aprenda de memoria y lo recite una y otra vez dejándose llevar por la música del lenguaje y dejándose fascinar por esos ojos claros y serenos...
— Wenn Sie meinen...
— Ich meine! Es una obra perfecta, una joya, ein Kleinod, ein perfekter Wurf, wo Form und Inhalt unzertrennlich harmonieren. Und alles in allem in einer sehr einfachen, völlig durchsichtigen Sprache. Was man von folgender Übersetzung leider nicht behaupten kann:[1]

Augen, die mich bestricken
Und eines sanften Blickes sich rühmen wollen,
Warum, wenn ihr mich schaut, schaut ihr voll Grollen?
Wenn ihr durch eure Güte
Dem, der euch ansah, um so schöner deuchtet,
Blickt nicht vom Zorn erleuchtet,
So daß die Schönheit fast darin verglühte!
Bei Gott, daß ich nicht wüte:
Augen, die mich bestricken,
Würdigt im Zorn, doch würdigt mich mit Blicken!

— Also so schlecht finde ich diese Übersetzung nicht.
— Nee, gar so schlecht ist sie auch nicht. Aber gestelzt wirkt sie schon.
— Wahrscheinlich wegen des Reimzwangs.
— Ja, gewiß auch wegen des verdammten Reimzwangs. Aber noch mehr: In dieser Übersetzung geht die Harmonie des Originals zwischen Form und Inhalt einfach baden. Así que lo mejor es volver a leer el original, lentamente, en voz alta, gustando el ritmo, la rima, el lenguaje, el contenido, dejándose fascinar por esos ojos claros, serenos, conocidos por su mirar dulce, capaces de mirar airados, tan bellos, que les pedimos que nos miren, aunque sea con ira, pero que for favor nos miren.
— ¿De qué color serían esos ojos claros, serenos?

---

1 *Gedichte des Abendlandes.* Fischer 1961, S. 160

— El poeta no nos lo revela. Yo me los imagino verdes.
— Pues yo negros.
— Como Usted quiera. Por cierto que hace unos días, leyendo una colección de cantes flamencos, me encontré con una copla que me recordó este madrigal. Con la particularidad de que quien la canta es una mujer y los ojos cantados son, supongo, los de un hombre:

Tus ojos no son ojos,
que son saetas;[1]
cada vez que me miras
me dejas muerta.
Mírame mucho,
que ya que muera, quiero
morir a gusto.[2]

— Sí, aunque el tema es distinto, la dinámica es semejante.
— Y ya que estamos hablando de mirar, le leeré otra copla sobre los ojos, es decir sobre la mirada, que he encontrado en el mismo libro y que es una delicia de ingenio:

No me mires, que miran
que nos miramos;
miremos la manera
de no mirarnos.
No nos miremos,
y cuando no nos miren
nos miraremos.[3]

— Una copla encantadora que juega con los diversos sentidos de mirar.[4]
— Sí, pero de las coplas hablaremos en un capítulo aparte.[5]

---

1 *Saeta – flecha – Pfeil*
2 Machado y Alvarez, Antonio: *Cantes flamencos.* Espasa Calpe, Madrid ^{4}1985, p. 110
3 Ibid. p. 102
4 Sehen, schauen en el sentido de angucken y schauen nach etwas en el sentido de suchen bzw. sich vorsehen.
5 Capítulo XXI

V.
Un no sé qué...
1580

Das gewisse Etwas

— Reconozco que el poema que voy a leerle y comentarle ahora no es una maravilla y que hasta incluye pasajes baratos...
— ¿Y por qué lo pone Usted en esta antología?
— Pues por el acierto genial del estribillo, des Kehrreims: *un no sé qué que se halla por ventura.*
— Das gewisse Etwas, was uns durch einen glücklichen Zufall begegnet?
— So isses. Der Anfang ist ausgesprochen gut: *Die reine Schönheit wird mich nie verleiten, nur das gewisse Etwas, das man zufällig findet*: Es klingt ausgesprochen schön:

> Por sola la hermosura
> nunca yo me perderé,
> sino por *un no sé qué*
> *que se halla por ventura.*

In der zweiten Strophe wird der Autor etwas deutlicher: *Die sehr hübschen Frauen sind zum Anschauen gut, nicht aber zum näheren Umgang, wenn sie nicht andere Dinge haben. Was mich am wenigsten zur Hingabe bewegt, ist das Aussehen; am meisten dagegen das gewisse Etwas.*:

> Las mujeres muy hermosas
> son buenas para miradas,[1]
> mas no para ser tratadas
> si no tienen otras cosas;
> lo menos es la figura[2]
> para que yo el alma dé,
> y lo más *un no sé qué*
> *que se halla por ventura.*

Und dann wird er noch konkreter, ohne allerdings ganz konkret zu werden.

1 *Para miradas – para ser miradas*
2 *Figura* no es sólo die Figur en el sentido actual, sino die Gestalt.

— Was meinen Sie damit? Daß es auch ihm im Grunde, ohne es zuzugeben, nur um das eine geht?
— Mag sein. Aber das haben Sie gesagt. Ich zitiere nur:

Un donaire[1] extraordinario
que promete maravillas
y está haciendo cosquillas
en el alma de ordinario,
es lo que a mí fe procura,[2]
lo que siempre deseé,
y en efecto es *no sé qué*
que se halla por ventura.

Was ihm *Vertrauen einflößt* (lo que a mí fe procura), ist *ein besonderer Liebreiz, der Wunderbares verspricht und in der Seele kitzelt...*
— *Un donaire extrordinario que promete maravillas y está haciendo cosquillas en el alma...* Jener Charme kitzelt wortwörtlich in der Seele. Wunderschön! Und sehr reell, denn manche Frau läßt beim bloßen Anblick Wunder erwarten. Und das sind nicht immer leere Versprechungen und auch nicht nur reine Männerphantasien... Es geht also doch um das eine, oder?
— Es kann sein. Ich zitiere nur einen Autor, wie gesagt. Und jetzt wird er leicht polemisch: *Diesen Himmel, diese Seligkeit spüren kaum solche, die sich für jene Damen verzehren, denen die Wörter im Munde gefrieren. Wie bei einem Gemälde schätzen sie nur den Schein und vergessen das gewisse Etwas...*

Desta gloria sienten poca
algunos que se desvelan[3]
por damas que se les hielan
las palabras en la boca;
se pagan[4] como en pintura
de sólo lo que se ve,
y olvidan el no sé qué
que se halla por ventura.

— Realmente no está mal, pero no creo que el autor fuera un genio poético.

---

1 *Donaire – gracia – Liebreiz – Charme*
2 *Fe procura – da confianza*
3 *Se desvelan – pierden el sueño*
4 *Se pagan* significa aquí *que se aficionan, se enamoran, se dejan impresionar...* Un hombre *pagado de sí mismo* ist ein selbstverliebter Mann.

— No, claro, ya se lo dije al principio. El poema parece ser de un tal Pedro de Padilla, y se publicó en 1580 en *Thesoro de varias poesías*. Se hizo popular y fue glosado varias veces.[1] Y aunque no sea una maravilla poética, tiene mucha razón en lo que dice. Y no lo dice mal. Sin ir más lejos, mi amigo Nicolás, solterón y sesentón, me decía: «Por más que busco una mujer de la que enamorarme, no la encuentro.» Y yo le dije: «Amigo Nicolás, eso que tú buscas no se encuentra buscando; lo que tú buscas se encuentra, cuando se encuentra, sin buscarlo. Lo que tú buscas es *ese no sé qué que se halla por ventura.*» Por ventura, por suerte, por casualidad, zufällig, durch einen glücklichen Zufall.
— ¿Y lo ha encontrado?
— Ni hablar. Mi amigo Nicolás sigue, cada vez más sesentón y cada vez más solterón, sin encontrar ese no sé qué que se halla por ventura. Y el autor Pedro de Padilla tampoco debió de encontrar ese no sé qué, pues a los tres años de publicar este poema se metió carmelita.
— ¿Tiene Usted algo contra los carmelitas?
— ¡No hombre! Yo no tengo nada contra nadie.

---

1 Yo lo tomo de: Alonso, Dámaso: *Poesía española*. Gredos, Madrid 1981, p. 239-241.

VI.
Juan de la Cruz
1542–1591

Un santo erótico

— Supongo que Usted conoce a Juan de la Cruz, más conocido por San Juan de la Cruz, aunque su nombre de pila[1] era Juan de Yepes.
— He de reconocer que, aparte del nombre, no sé mucho más de ese señor.
— Bueno, pues le contaré algo de este señor, como Usted dice, que no era un señor normal y corriente sino un fraile carmelita...
— Como el Pedro de Padilla del que acabamos de hablar...[2]
— Sí, carmelita como él. Pues bien, Juan de la Cruz vivió entre 1542 y 1591. Era de un pueblo de Avila, pero se movió mucho por Castilla y también por Andalucía. Como su amiga Teresa de Avila...
— ¿Qué quiere decir eso de su amiga?
— Amiga espiritual, claro. Ella era también carmelita, monja. Tuvieron gran amistad, aunque él era bastante más joven que ella. Nada menos que 27 años. También él anduvo reformando la orden carmelita, lo que le hizo pasar muy malos ratos. Los frailes de Toledo hasta le metieron en la cárcel, donde le tuvieron encerrado ocho meses y medio a pan y agua. Y allí seguiría de no haberse escapado[3] descolgándose por una ventana.
— Was hatte er denn verbrochen?
— Anscheinend war er seinen Ordensbrüdern in seinen Reformversuchen viel zu streng.
— Und waren sie viel zu streng?
— Dieses Problem interessiert mich ehrlich nicht. Mich interessiert der Dichter, ein absolutes dichterisches Genie. Sería muy audaz decir que Juan de la Cruz es el mejor poeta en lengua castellana, pues eso de la belleza es muy relativo, así que haremos muy bien en no emitir juicios absolutos de valor.

---

1 Esta *pila* (Becken) es der *Taufbrunnen*, y el nombre de pila es der Taufname.
2 En el capítulo anterior
3 *De no haberse escapado – wenn er nicht abgehauen wäre.* Sobre esta construcción de infinitivo hablo en *Besserwisser V*, cap. III, página 36.

— Sí, de gustos no hay nada escrito.[1]
— Sí, de gustos no hay nada escrito, y cada cual tiene sus preferencias. Pues bien, prescindiendo de quién sea el mejor poeta en lengua castellana, es evidente que Juan de la Cruz, alias Juan de Yepes, escribió uno de los poemas más bellos escritos en lengua castellana. Me estoy refiriendo a su famoso *Cántico Espiritual*. Voy a citarle aquí una buena parte del mismo. Y me voy a permitir ir haciendo algunos comentarios.
— Y yo me permitiré hacer preguntas.
— Sí, pregunte Usted todo lo que quiera, que quien pregunta, no sólo aprende, sino que ayuda a reflexionar. Así que vamos a empezar con el *Cántico Espiritual*: Como las obras de Bach, comienza este poema sin introducción ninguna, volle Pulle. Juan de la Cruz geht, wie Bach, gleich in die vollen:

Die Geliebte vermißt ihren Geliebten (*¿dónde te escondiste, amado?*) und klagt, ja sogar wimmert dabei (*me dejaste con gemido*), denn der Geliebte hat sie fluchtartig verlassen (*como el ciervo huíste*), nachdem er sie verwundet (*habiéndome herido*):

¿Dónde te escondiste,
amado, y me dejaste con gemido?
Como el ciervo huíste
habiéndome herido,
salí tras ti clamando y eras ido.

— *Salí tras ti clamando y eras ido...*
— Sí, *eras ido* es una forma arcaica pero bellísima. Mucho más bella que la forma moderna: *Y te habías ido. Und du warst fort.*

Der Geliebte ist also fort, er ist *wie der Hirsch geflüchtet*. Was tut dann die Geliebte? Sie bittet die Hirten, ihrem Allerliebsten (*aquel que yo más quiero*) zu berichten, falls sie ihn sehen sollten (*sie por ventura vierdes*), sie sei krank, sie leide und sie sterbe (*decilde que adolezco, peno y muero*):

Pastores los que fuerdes
allá por las majadas al otero,
si por ventura vierdes
aquél que yo más quiero,
decilde que adolezco, peno y muero.

— Aquí tengo mis problemas con la lengua.

---

1 Este refrán lo explico en *Besserwisser IV*, pp. 56-58.

— No se preocupe, ahora se lo explico: *fuerdes* y *vierdes* son formas arcaicas del futuro de subjuntivo: *fuereis*, *viereis*. Arcaica es también la forma *decilde*: decidle. *Majada* es *Pferch* y *otero* es *Hügel*. *Adolecer* es estar enfermo, *siechen*. *Penar* es *sufrir*.
Lesen Sie jetzt noch einmal die Strophe vor und genießen Sie dabei diese ungeheure Melodie. Bach, wie gesagt.
— Tue ich gerne:

Pastores los que fuerdes
allá por las majadas al otero,
si por ventura vierdes
aquél que yo más quiero,
decilde que adolezco, peno y muero.

— Schön. Und was tut die Geliebte? Sie macht sich selbst auf die Suche nach ihrem Geliebten (*buscando mis amores*) ohne einen klaren Plan. Sie wird einfach über Berg und Fluß wandern *(iré por esos montes y riberas)*. Dabei wird sie sich von nichts ablenken lassen: von den Blumen nicht (*ni cogeré las flores*), von den wilden Tieren auch nicht (*ni temeré las fieras*); ja, sie wird sich weder von Festungen noch von Grenzen aufhalten lassen (*y pasaré los fuertes y fronteras*):

Buscando mis amores,
iré por esos montes y riberas,
ni cogeré las flores,
ni temeré las fieras
y pasaré los fuertes y fronteras.

In Strophe 4 fragt sie Wälder und Wiesen, ob sie den Geliebten gesehen haben. Wälder und Wiesen geben in Strophe 5 die berühmte Antwort:

Mil gracias derramando
pasó por estos sotos con presura,[1]
y yéndolos mirando,
con sola su figura,
vestidos los dejó de su hermosura.

Davon habe ich im Buch *Gedichte des Abendlandes*[2] eine entzückende Übersetzung gefunden, die mit ihrem archaischen Ton meines Erachtens einen Volltreffer gelandet hat:

---

1 *Presura – prisa*
2 Gedichte des Abendlandes. Auswahl und Vorwort von Edgar Hederer. Fischer 1961. Die Übersetzung dieses Textes ist von Melchior Diepenbrock und befindet sich auf Seite 154.

Wohl tausend Reize spendend,
hat diese Flur sein hastger Tritt beglücket,
und als er sie im Gehen
nur flüchtig angeblicket,
verließ er sie mit seiner Zier geschmücket.

Daraufhin wird in Strophe 6 die Sehnsucht der Geliebten nach ihrem Geliebten unerträglich; er solle sich endlich «in echt» hingeben *(acaba de entregarte ya de vero)*. In Strophe 7 berichten alle Lebewesen, denen sie beim Umherirren begegnet *(y todos cuantos vagan)*, von der Schönheit des Geliebten *(de ti me van mil gracias refiriendo)*, ja sie werden bei dieser Schönheit beinahe sprachlos *(un no sé qué que quedan balbuciendo)*, was die Wunde der Geliebten noch größer macht *(y todos más me llagan)*[1], sie sogar in Agonie versetzt *(y déjame muriendo)*. Escuche una de las estrofas más bellas de la poesía castellana:

Y todos cuantos vagan
de ti me van mil gracias refiriendo,
y todos más me llagan,
y déjame muriendo
un no sé qué que quedan balbuciendo.

Ya sabe Usted que *balbucir* es *stammeln*. Wir können das Stammeln regelrecht hören: *un no sé qué que quedan balbuciendo...* Absolut unübersetzbar, meine ich, obwohl mein Freund Karl Kirsch[2] meint, eine beinahe ebenbürtige Übersetzung gedichtet zu haben: «ein was weiß ich, das sie mir hingestammelt».
— Finden Sie?
— Eben nicht! Also weiter! Die Strophen 8, 9 und 10 variieren dieses Thema der Wunde und der Sehnsucht. Sie gipfeln in Strophe 11, wieder eine der schönsten der spanischen Literatur:

Descubre tu presencia,
y máteme tu vista y hermosura;
mira que la dolencia
de amor, que no se cura
sino con la presencia y la figura.

Anschließend eine improvisierte, rein sachliche Übersetzung.

---

1 *Wunde* ist *herida* oder auch *llaga*. Daher *llagar* – *verwunden*.
2 Karl Kirsch ist, wie man sieht, ein Dichter. Er ist Berliner und lebt in einem Dorf Alicantes.

— Von wem?
— Von mir:

Zeige dich,
auch wenn der Anblick deiner Schönheit mich tötet;
siehe, das Liebesleiden,
das wird geheilt nur
durchs Fühlen und Sehen.

— Ja, sachlich knapp.
— Und jetzt die poetische Übersetzung meines Freundes Karl Kirsch:

Enthülle deine Nähe
und tötete dein Blick und deine Schönheit mich.
Siehe, daß dieses Wehe
der Liebe, es heilt ja nicht,
wenn nicht durch Da-sein, durch dein Angesicht.

Sehr schön. Inhaltlich treu, schönes Deutsch, keinesfalls verschroben, trotz des Reimes. Sogar das Versmaß des Originals wird hier weitgehend respektiert. Diese Art von Strophe heißt übrigens Lyra, spanisch *lira*, und ist, wie so vieles in der europäischen Poesie, italienischer Herkunft. Unbehagen bereitet mir allerdings in dieser Übersetzung von Karl Kirsch das Wort *Da-sein*. Aber ich gebe es zu, mir selbst fällt nichts besseres für *presencia* ein. Höchstens *das Fühlen*.
— Und Präsenz?
— Ich glaube kaum, denn Präsenz bricht die poetische Ader.
— Und Gegenwart?
— Na ja, Gegenwart ist undifferenzierter als *presencia*: Während *presencia* nur das Gegenteil von *ausencia* ist, ist Gegenwart sowohl das Gegenteil von Abwesenheit als auch von Vergangenheit. Und es ist noch dazu ein sehr steifes Wort.
— Meinen Sie?
— Meine ich. Aber ich möchte Ihnen zwei weitere Übersetzungen vorlesen. Nummer eins:

Komm, mein Geliebter!
Töte mich mit Blick und Glanz,
kennst meiner Liebe
Schmerz. Lindrung ist nur
von deinem Angesicht, deiner Gestalt.

— Wo haben Sie das her?
— Aus einem sehr interessanten Buch: *Spanische Lyrik von der Re-*

naissance bis zum späten 19. Jahrhundert.[1] Und wie finden Sie die Übersetzung?
— *Komm, mein Geliebter!* für *descubre tu presencia* ist arg undifferenziert.
— Ja, finde ich auch.
— Und *Glanz* für *hermosura*... Na ja! Dagegen finde ich nicht schlecht das *Angesicht* für die *presencia.*
— Mich stört eines: Während es im Original um den Liebesschmerz als solchen geht, der nur durch die *presencia* und *figura* der vermißten Person geheilt wird, geht es in der Übersetzung nur um diesen konkreten Liebesschmerz und um die heilende Wirkung der *presencia* und *figura* dieses einzelnen Geliebten: «kennst meiner Liebe Schmerz. Lindrung ist nur von deinem Angesicht, deiner Gestalt.» Die Klage verliert dadurch an Kraft.
— Das hätte ich nicht beanstandet.
— Und was halten Sie von folgender Übersetzung?

Zeig Dich, so nah verborgen,
ob auch Dein Antlitz, überschön, vernichte!
Der Liebe sieche Sorgen,
sie weichen vor dem Lichte,
vor Deinem offenbarten Angesichte.

— Mir scheint, der Inhalt wird hier weitgehend respektiert und das Versmaß auch. Dagegen werden die Bilder des Originals ganz schön großzügig umgekrempelt. Und von der sprachlichen Frische und Durchsichtigkeit des Originals bleibt nichts mehr übrig.
— Das ist auch in den anderen Übersetzungen der Fall. Wahrscheinlich unvermeidlich.
— Aber nicht in dem Maße! Pero bien, ¿se puede saber de quién es esta traducción?
— De una señora. Y bien moderna. La he sacado de un libro bien reciente: Johannes vom Kreuz: *Das Lied der Liebe.*[2] Pero sigamos con el poema mismo: Der Geliebte, der entflohene Hirsch aus Strophe 1, selbst verwundet *(el ciervo vulnerado),* erscheint in Strophe 13 auf der Anhöhe *(por el otero asoma).* Darauf gerät die Geliebte ins Schwärmen:

---

1 Spanische Lyrik von der Renaissance bis zum späten 19. Jahrhundert. Spanisch/Deutsch. Ausgewählt, übersetzt und kommentiert von Hans Felten und Agustín Valcárcel. Reclam, Stuttgart 1990

2 Johannes vom Kreuz: *Das Lied der Liebe*. Übertragen von Irene Behn. Einsiedeln, Freiburg 1992

Um die Freude auszudrücken, die ihr der Anblick des Geliebten bereitet, zählt sie alles auf, was ihr sonst Freude bereitet:

Mi amado las montañas,
los valles solitarios nemorosos,
las ínsulas extrañas,
los ríos sonorosos,
el silbo de los aires amorosos.

la noche sosegada
en par de los levantes de la aurora,
la música callada,
la soledad sonora,
la cena que recrea y enamora.

— Un momento, que aquí hay palabras que yo no entiendo: nemoroso, ínsula, sonoroso, en par...
— Bien, vayamos por pasos:

Nemoroso es *waldig, bewaldet. Los valles solitarios nemorosos*: *die einsamen waldigen Täler.*

Insula es isla.

Sonoroso es una variante de sonoro.

En par lo entiendo yo en el sentido de *al igual*: La noche sosegada, *tan bella como* los levantes de la aurora: die ruhige Nacht, so schön wie die Morgendämmerung. Es kann aber auch bedeuten: Die ruhige Nacht, *als es gerade* anfängt zu dämmern.
— Beides schön.
— Diese zwei Strophen sind sowieso voll von Volltreffern: *El silbo de los aires amorosos.*
— Was ist dies *Flöten der Liebeslüfte*?
— Tja, dazu muß man über beide Ohren verliebt sein.
— Bin ich aber nicht.
— Dann können Sie es nicht verstehen. Also weiter: *La música callada* ist ein absoluter Volltreffer.
— Die stille Musik, die lautlose Musik... Es ist doch ein Widerspruch!
— Wenn Sie meinen... Da haben wir noch einen Widerspruch: *la soledad sonora.*
— ¿Y qué es la soledad sonora?
— Tja, la soledad sonora es la soledad sonora, lo mismo que la música callada es la música callada.
— Die hallende Einsamkeit? Die klingende Einsamkeit?
— Von mir aus. Aber von lauter Übersetzungsversuchen des Unüber-

setzbaren übersehen Sie bitte nicht den letzten Volltreffer dieser zwei Strophen: *la cena que recrea y enamora.*

— Das kann sogar ich verstehen: *Das Abendessen, das vergnügt und verliebt macht.* Ein schönes Abendessen kann eine höchst erotische Angelegenheit sein.

— Eben. Und die Geliebte schwärmt weiterhin, bis sie dann mit Strophe 22 am Ziel ihres Suchens anlangt:

Entrado se ha la esposa
en el ameno huerto deseado,
y a su sabor reposa,
el cuello reclinado
sobre los dulces brazos del amado.

Die perfekte Liebesidylle: Im sprichwörtlich idyllischen Rahmen eines «erquickenden» Gartens *(en el ameno huerto deseado)* ruht die Geliebte nach Herzenslust *(a su sabor)* in den süßen Armen ihres Geliebten *(sobre los dulces brazos del amado).*

— Das Bild wird durch die Erwähnung des angelehnten Halses *(el cuello reclinado)* äußerst plastisch.

— So isses. Aber jetzt überspringen wir drei Strophen und erfahren in Strophe 26, was in jenem Garten geschah, wo sich anscheinend – nicht unüblich! – ein Weinkeller befand: *En la interior bodega de mi amado bebí.* Die Geliebte trinkt im Keller des Geliebten.

— Oder im Keller trinkt sie *aus dem Geliebten*?

— Auch möglich. Diese zweite Interpretation wäre äußerst reizend bis pikant. Wie dem auch sei, was dieses Trinken, so oder so, bedeutet, darüber muß man nicht lange nachdenken.

— Meine ich auch.

— Von jenem «Wein» ist sie so benommen, daß sie nichts mehr weiß *(ya cosa no sabía)* und sogar die Spur ihrer Herde verliert, die sie zu hüten hat *(y el ganado perdí que antes seguía)*:

En la interior bodega
de mi amado bebí, y, cuando salía
por toda aquesta vega,
ya cosa no sabía
y el ganado perdí que antes seguía.

Vega ist übrigens ein offenes, weites Tal.

— Aue?

— Ja, Aue. Die Geliebte, betört, fährt fort, uns von diesem Liebeserlebnis zu erzählen:

Allí me dio su pecho,
allí me enseñó ciencia muy sabrosa,
y yo le di de hecho
a mí, sin decir cosa;
allí le prometí de ser su esposa.

— ¡Allí le prometió ser su esposa! ¿O sea que aún no estaban casados?
— No, por lo visto no.
— Interesante. ¿Y eso lo escribe un fraile santo?
— Pues sí.
— Esto es muy subversivo.
— Sí, por algo la Inquisición prohibió la publicación de este poema.
— Ah ja! Übrigens, im ersten Vers steht: *allí me dio su pecho.* Aquí habla la amada y dice que el amado le dio su pecho. No lo entiendo. Ich dachte, die Brust der Frau, nicht die des Mannes sei...
— Dachte ich auch.
— Vielleicht sagt sie *pecho* und meint was anderes. Oder vielleicht steht dieses *dar el pecho* für *umarmen* in voll erotischem Sinne...
— Vielleicht. Denn darum geht es in dieser Strophe: Der Geliebte bringt der Geliebten ein höchst schmackhaftes Wissen bei *(allí me enseñó ciencia muy sabrosa),* und die Geliebte, ohne ein Wort zu sagen, gibt sich ihm hin *(y yo le di de hecho a mí, sin decir cosa).*

Dieses Liebeserlebnis ist so intensiv, daß die Geliebte ihren bisherigen Beruf als Hirtin aufgibt und sich nur der Liebe widmet. La estrofa siguiente nos dice:

...ya no guardo ganado
ni ya tengo otro oficio,
que ya sólo en amar es mi ejercicio.

— Sie *übt sich nur im Lieben*, sie ist *nur mit Lieben beschäftigt, ihr Beruf ist Lieben...* Sie ist wohl liebessüchtig geworden.
— Sozusagen. Und wenn jemand nach ihr fragt,

diréis que me he perdido,
que andando enamorada,
me hice perdediza y fui ganada.

Freche Wortspiele einer Verliebten: *Ich verirrte mich; verliebt wie ich war, tat ich, als würde ich mich verlieren-verirren, und wurde dadurch gewonnen-erobert.*
Über mehrere Strophen folgt die Beschreibung der Idylle, bis in Strophe 36 die liebessüchtige Geliebte drängt:

Gocémonos, amado,
y vámonos a ver en tu hermosura
al monte y al collado,
do mana el agua pura,
entremos más adentro en la espesura.

Gocémonos, amado. Laß uns einander genießen, Geliebter! Die Aufforderung kann deutlicher nicht sein.

Die Geliebte hat sich alles genau ausgedacht: Sie sollen zusammen einen entlegenen Berg aufsuchen *(al monte y al collado)*, bei einer Quelle *(do mana el agua pura)*, tief im Wald versteckt *(más adentro en la espesura)*. Diese Heimlichkeit reicht ihr aber nicht, sie sollen die hochgelegenen Felsenhöhlen aufsuchen *(a las subidas cavernas de la piedra nos iremos)*, gut versteckt *(que están bien escondidas)*, um sich dort in dieser durch und durch erotisierten Atmosphäre *(y el mosto de granadas gustaremos)* der Liebe hinzugeben:

Y luego a las subidas
cavernas de la piedra nos iremos
que están bien escondidas,
y allí nos entraremos
y el mosto de granadas gustaremos.

Die Geliebte führt Regie. Der Geliebte soll ihr *zeigen (alli me mostrarías)*, wonach sie sich sehnt *(aquello que mi alma pretendía)*, und das *geben (y luego me darías), was er ihr das erste Mal* im Garten – oder im Keller? – *gab*:

Allí me mostrarías
aquello que mi alma pretendía,
y luego me darías
allí tú, vida mía,
aquello que me diste el otro día.

— Und es passiert.
— Ja, es passiert. Bloß, der Autor beschreibt uns nicht, wie es passiert. Er schildert uns mit einigen Pinselstrichen die Stimmung, die der Erfüllung folgt:

El aspirar del aire,
el canto de la dulce Filomena,
el soto y su donaire
en la noche serena,
con llama que consume y no da pena.

Este último verso...
— Un momento, antes me tiene Usted que explicar lo de la Filomena, el soto y el donaire.
— Gerne. La *Filomena* es el ruiseñor, die *Nachtigall*. El *soto* es das *Gehölz*, das *Wäldchen*, der *Hain*. El *donaire* ist die *Grazie*, die *Anmut*, como ya le he explicado no sé dónde ni cuándo.[1]
— Ich kann mich nicht an alles erinnern, was Sie mir erklärt haben.
— Schon gut. Und jetzt lassen wir uns den letzten Vers auf der Zunge zergehen:

con llama que consume y no da pena.

Es ist die Zusammenfassung der Stimmung nach der Erfüllung der Liebe: *eine Flamme, die verzehrt, ohne zu schmerzen.*
— Ich weiß nicht, wer mehr zu beneiden ist, ob dieser Geliebte wegen dieser Geliebten, oder diese Geliebte wegen dieses Geliebten.
— Ich glaube eher dieser Geliebte wegen dieser Geliebten.
— ¿Y se puede saber quiénes eran esa amada y ese amado?
— Dicen que el amado es Dios y la amada el alma, y que lo que Juan de la Cruz está aquí describiendo es una experiencia mística, es decir espiritual en el más alto grado de espiritualidad.
— ¿Y quién dice eso?
— El autor mismo lo dice. Y con él, muchos más.
— ¿Y Usted lo cree?
— Yo no comulgo con ruedas de molino.[2] Para mí que Juan de la Cruz, por muy fraile y muy santo que fuera, está describiendo en este *Cántico Espiritual* una experiencia erótica *carnal*, de carne y hueso, y más de carne que de hueso.
— ¿Y la mística? ¿No admite Usted la experiencia mística?
— Ni la admito ni no la admito. Quizás eso que llaman experiencia mística no sea más que una sublimación de la experiencia erótica.
— Pues puede que tenga Usted razón.
— Sea de ello lo que fuere, wie dem auch sei, apenas es posible describir la experiencia amorosa con mayor sencillez, intensidad y delicadeza. Aunque, bueno, ya sabe Usted que su *Cántico Espiritual* es una «imitación» del *Cantar de los Cantares*, ese libro de la Biblia que en alemán llamamos *Das Hohe Lied der Liebe*. Yo casi me atrevería a decir que la «imitación» de Juan de la Cruz supera al original. Pero claro, para poder decir eso habría que leer el *Cantar de los Cantares* en el original.

---

1 En las páginas 11 y 55.
2 *Comulgar con ruedas de molino*: wortwörtlich *Mühlräder bei der Kommunion schlucken*; sinngemäß: eindeutig Unwahres blauäugig glauben.

— ¿Lo ha leído Usted en el original?
— No, no, yo lo he leído en castellano, en latín y en alemán. Y sí, me gusta, pero una traducción es una traducción. Pero bien, dejemos eso y volvamos a la pregunta de sí lo que Juan de la Cruz está describiendo es una experiencia mística o una experiencia erótica. Más erótico aún que el *Cántico Espiritual* es el poema siguiente, que nos describe con pelos y señales[1] una noche de amor. ¡Y qué noche! Y por cierto que no soy yo el único, der eine durch und durch erotische Lektüre dieser Texte macht. Escuche lo que, acerca del poema de la *Noche oscura*, que vamos a leer ahora juntos, escribe André Stoll:

«Eine anonyme weibliche Figur trägt (...) ein beglückendes nächtliches Liebeserlebnis vor, was mit ihrer heimlichen Flucht aus dem Hause begann und in Metamorphosen entzückter Liebesvereinigung und selbstvergessener Hingabe seine Erfüllung fand.»[2] Pero vayamos al texto:

En una noche oscura
con ansias en amores inflamada
¡oh dichosa ventura!
salí sin ser notada
estando ya mi casa sosegada.

¿Ve Usted? También ahora comienza igual que Bach. Gleich in die vollen. Die Geliebte brennt vor Liebesverlangen *(con ansias en amores inflamada)* und, als alles im Haus ruht *(estando ya mi casa sosegada),* schleicht sie sich aus dem Haus *(salí sin ser notada)* platzend vor Glück *(¡oh dichosa ventura!)* zum Rendezvous. Mein Versuch:

In einer dunklen Nacht,
in Liebesverlangen entbrannt
(¡oh seliges Glück!)
verließ ich unbemerkt
mein Haus, als schon die Stille eingekehrt.

— Nicht schlecht.
— Danke! Es geht weiter: Es handelt sich ganz eindeutig um ein verbotenes Liebesabenteuer, so sehr wird die Heimlichkeit betont: *a escuras y segura – im Schutz der Dunkelheit; por la secreta escala – über die geheime Treppe; disfrazada – verkleidet;* noch einmal *a escuras; en celada – versteckt, verstohlen:*

---

1 *Bis ins letzte Detail*
2 André Stoll: *San Juan de la Cruz. En una noche oscura.* Dieser Artikel umfaßt die Seiten 323–354 des Buches: *Die spanische Lyrik von den Anfängen bis 1870.* Frankfurt am Main 1997

A escuras y segura,
por la secreta escala, disfrazada,
¡oh dichosa ventura!,
a escuras y en celada,
estando ya mi casa sosegada.

Die Geliebte genießt regelrecht die Heimlichkeit, die ihr die Nacht gewährt *(en la noche dichosa, en secreto que nadie me veía)*, läßt sich von nichts ablenken *(ni yo miraba cosa),* braucht kein Licht und keine Begleitung *(sin otra luz y guía)*, ihr reicht das Licht, das in ihrem Herzen brennt *(sino la que en el corazón ardía):*

En la noche dichosa
en secreto que nadie me veía
ni yo miraba cosa
sin otra luz y guía
sino la que en el corazón ardía.

Y claro está, la amada, von diesem Licht geführt *(aquesta me guiaba),* heller und deswegen sicherer als das Mittagslicht *(más cierto que la luz del mediodía)*, va en busca del amado, des ihr wohlbekannten Geliebten *(quien yo bien me sabía),* que la espera donde puedan estar a solas *(en parte donde nadie parecía):*

Aquesta me guiaba
más cierto que la luz del mediodía
adonde me esperaba
quien yo bien me sabía
en parte donde nadie parecía.

— ¿Y se encuentran?
— Se encuentran, claro. Die Nacht gilt sonst als *Verführ*erin, aber diese Nacht hat *geführt*, hat Geliebte und Geliebten zueinander *geführt (¡Oh noche, que guiaste!).* Y se aman, *se juntan, se transforman* la una en el otro. Und die Nacht wird süßer, lieblicher als die Morgenröte *(¡Oh noche amable más que la alborada!):*

¡Oh noche, que guiaste!
¡Oh noche amable más que la alborada!
¡Oh noche que juntaste
amado con amada,
amada en el amado transformada!

Y ahora nos da detalles: Después de *juntarse* y *transformarse* el uno en el otro, el amado se *queda dormido* en el *pecho florido* de la amada.
— ¡Qué maravilla tan sencilla! Nach dem Orgasmus schläft der Geliebte auf der *aufgeblühten Brust* der Geliebten ein.
— Nebenbei verrät uns die Geliebte selbst, daß sie bis zu dieser Nacht Jungfrau gewesen ist *(mi pecho florido, que entero para él solo se guardaba).* Y mientras el amado duerme sobre el pecho florido de la amada, la amada le acaricia *(y yo le regalaba)*, während die Zedern ihnen Luft zufächeln *(y el ventalle de cedros aire daba)*:

En mi pecho florido,
que entero para él solo se guardaba,
allí quedó dormido
y yo le regalaba
y el ventalle[1] de cedros aire daba.

— O sea que allí donde se han encontrado para hacer el amor hay unos cedros...
— Pero sabemos además que el lugar es la terraza de una torre almenada (*almena* es *Zinne*). Y allí, mientras la amada juega con los cabellos del amado dormido *(cuando yo sus cabellos esparcía)*, el aire le acaricia a ella el cuello, zona erótica de primer orden *(el aire de la almena ... con su mano serena en mi cuello hería)*, de modo que la amada goza de un intenso orgasmo prolongado, der all ihre Sinne außer Kraft setzt *(y todos mis sentidos suspendía)*:

El aire de la almena,
cuando yo sus cabellos esparcía,
con su mano serena
en mi cuello hería
y todos mis sentidos suspendía.

Die Geliebte, betört, gibt sich diesem Augenblick völlig hin. Und es folgt eine Beschreibung der erfüllten Liebe, die mich beinahe zum Weinen bringt:

Quedéme y olvideme,
el rostro recliné sobre el amado,
cesó todo, y dejéme,
dejando mi cuidado
entre las azucenas olvidado.

---

1 *Ventalle – abanico – Fächer*

Ich blieb und vergaß mich,
ich lehnte mein Gesicht auf den Geliebten,
es hörte alles auf, ich ließ mich fallen,
und meine Sorge blieb liegen,
unter den Lilien vergessen.

— Tenía Usted razón al decir que apenas es posible describir la experiencia amorosa con mayor sencillez, intensidad y delicadeza.

P.S.: Ich gucke mir gern Übersetzungen an und vergleiche sie auch gern miteinander. Für den Fall, daß es auch Ihnen so geht, hier sind vier verschiedene Übersetzungen der *Noche oscura*. Gerne würde ich mit Ihnen darüber plaudern.

Als erstes die Übersetzung von André Stoll (*Die spanische Lyrik von den Anfängen bis 1870.* Vervuert, Frankfurt/M.1997. S. 326):

In einer dunklen Nacht,
mit sehnsuchtsvollem Bangen in Liebe entflammt,
o glückliches Geschick!
ging ich hinaus, unbemerkt,
da mein Haus schon in Ruhe dalag.

Im Dunkeln und sicher,
über die geheime Leiter, verhüllt,
o glückliches Geschick!
im Dunkeln und im Hinterhalt versteckt,
da mein Haus schon in Ruhe dalag.

In der glückseligen Nacht,
im geheimen, da niemand mich sah
noch ich selber etwas gewahrte,
ohne anderes Licht und Geleit
als das, was im Herzen brannte.

Dieses führte mich
sicherer als das Licht des Mittags
dorthin, wo mich erwartete
der, den ich sehr wohl in mir wußte,
in einer Gegend, wo niemand in Erscheinung trat.

O Nacht, die du führtest!
O Nacht, lieblicher als die Morgenröte!
O Nacht, die du vereintest
Geliebten mit Geliebter,
Geliebte in den Geliebten verwandelt!

In meiner blühenden Brust,
die ganz für ihn allein sich bewahrte,
dort verweilte er schlummernd,
und ich beschenkte ihn zärtlich,
und der Zedernfächer spendete Kühlung.

Der Lufthauch von der Zinne,
als ich sein Haar durchstreifte,
mit seiner anmutigen Hand
ward zur Verletzung an meinem Hals
und ließ all meine Sinne schwinden.

Ich ließ mich verharren und vergaß mich selbst,
das Antlitz neigte ich über den Geliebten:
alles schwand, und ich gab mich preis,
ließ mein Bedenken
vergessen unter den Lilien zurück.

Die zweite Übersetzung ist von Hans Felten und Agustín Valcárcel (*Spanische Lyrik von der Renaissance bis zum späten 19. Jahrhundert.* Reclam, Stuttgart 1990. S. 91-93):

In dunkler Nacht,
sehnend entflammt von Liebe
– o seliges Verlangen! –,
verließ ich unbemerkt
mein Haus in Stille nun.

Im Dunklen, sichren Schritts,
auf geheimer Leiter, verhüllt,
o seliges Verlangen!
In Dunkelheit verborgen,
mein Haus in Stille nun.

In seliger Nacht,
heimlich und ungesehn,
nichts schau ich.
Licht und Geleit
Allein das Feuer im Herzen.

Es leitet mich
Heller als Mittagslicht.
Dort harret mein,
den ich wohl weiß,
wo niemand sonst erscheint.

Nacht, du leitest uns!
Nacht, lieblicher als Morgenröte!
Nacht, vereinst
Liebenden und Geliebte,
Geliebte in Liebenden verwandelt.

An meiner Brust in Blüte,
nur ihm allein bestimmt,
dort ruhet er –
ihm bring ich alles dar –,
Zedern fächern Kühle.

Ein Hauch von der Zinne –
Sein Haar mir zum Spiel,
sanfte Hand wird
Mal an meinem Hals –,
und alle Sinne schwinden.
Sein ganz im Vergessen,
mein Antlitz neig ich über den Geliebten,
alles schwindet, ich geb mich hin,
nicht achtend mehr,
unter Lilien vergessen.

Die dritte Übersetzung ist von Pater Aloysius ab immaculata conceptione und steht im Buch *Gedichte des Abendlandes*. Fischer 1961. S. 152-153:

Es war in dunkler Nacht,
Ich brannt von Liebeswehen, –
O Glück, das selig macht! –
Entwich ich ungesehen
Und ließ mein Haus in Ruhe stehen.

Gehüllt in dunkle Nacht,
Vermummt mußt ich entsteigen.
O Glück, das selig macht!
In heimlich dunklem Schweigen
Lag still das Haus, das mir zu eigen.

In jener Nacht voll Glück,
Da sich kein Aug mir wandte,
Der Augen blöder Blick
Kein weisend Licht erkannte
Als das, so mir im Herzen brannte.

Mit ihm fand sichrer ich
Als in des Mittags Schimmer
Ihn, der geharrt auf mich,
Den ich geliebt schon immer.
Ein ander Gut traf ich dort nimmer.

Du warst mir Führer, Nacht:
Nacht, süßer als der Morgen,
Hast Herz zu Herz gebracht,
Hast uns in Lieb geborgen,
Mich im Geliebten, ihn in mir verborgen.

An meiner selgen Brust,
Die ihm allein zu eigen,
Ruht er in süßer Lust.
Und ich, ich darf in Lieb mich zu ihm neigen,
Ihm Kühlung wehn gelind mit Zedernzweigen.

Als schon der Morgenwind
Begann sein Haar zu spreiten,
Um meinen Nacken lind
Ließ er die Rechte gleiten:
Mir schmolz das Herz in Seligkeiten.

Ich gab, ergab mich ganz,
Das Haupt am Lieb geborgen.
Es schwand der Dinge Glanz,
Vergessen war mein Sorgen,
Da ich in Lilienduft geborgen.

Y ahora díganme qué les parece la cuarta traducción, de Emanuel Geibel, publicada por primera vez en 1852. Yo la he tomado de una edición del *Spanisches Liederbuch,* de Emanuel Geibel y Paul Heyse, publicado en 1952 en el Insel Verlag, páginas 68-69:

In mitternächt'ger Stunde,
Da heiß entbrannt mein Herz in Liebeswehen,
(O wundervolle Kunde!)
Verließ ich ungesehen
Mein still Gemach, ins Land hinauszugehen.

In Dunkelheit verborgen
Schritt ich hinunter die geheimen Stiegen,
(O Kunde süßer Sorgen!)
Fortwandelnd dann verschwiegen
Ließ hinter mir das stille Dach ich liegen.

In dieser Nacht der Gnade
So finster wars, daß mich kein Lauscher spürte,
Noch schaut ich meine Pfade,
Darauf kein Licht mich führte,
Als das die Liebe mir im Herzen schürte.

Doch führte dies mich feiner
Als Glanz des Mittags von des Himmels Warten
Zur Friedensstatt, wo meiner
Des Liebsten Grüße harrten
Im unbetretnen Tal, im Liliengarten.

O Nacht, gebenedeite,
Wie warst du süß vor aller Pracht der Sonnen,
Da mich dein Dunkel weihte
Zu solchen Liebeswonnen,
Daß ich mein Wesen fühlt in seins zerronnen!

An meines Busens Blüte,
Den ich für ihn zur lautern Wohnung machte,
Entschlief der Liebentglühte,
Indes ich bei ihm wachte
Und mit dem Zedernzweig ihm Kühlung fachte.

Und als im Morgenwinde
Ich spielt in seinen weichen Lockenringen,
Da fühlt ich, wie mich linde
Die weißen Arm' umfingen,
Daß alle Sinne trunken mir vergingen.

In Himmelslust verzücket
An des Geliebten Lippen durft ich hangen;
Ich war mir selbst entrücket,
Und all mein irdisch Bangen
Unter den Lilien wie ein Traum zergangen.

He de confesarles que en algunos pasajes de esta traducción me cuesta reconocer el original. Und noch dazu bringt Geibel beim Übersetzen religiöse Begriffe hinein, die im Original nicht da sind: *Nacht der Gnade; O Nacht, gebenedeite; irdisch Bangen.*

Pero a la vez reconozco que en esta traducción encuentro algunos aciertos plenos, einige Volltreffer:

(...) Zu solchen Liebeswonnen / daß ich mein Wesen fühlt in seins zerronnen.

Eine sehr freie und sehr schöne Wiedergabe von: ...juntaste amado con amada, / amada en el amado transformada.

Oder: ...daß alle Sinne trunken mir vergingen / y todos mis sentidos suspendía.

Oder: Ich war mir selbst entrücket / cesó todo, y dejéme...

Und Sie? Was sagen Sie dazu?

Mis fuentes:

Encontrarán Ustedes multitud de ediciones de los poemas de Juan de la Cruz. Y poemas suyos los encontrarán también en todas las antologías. Yo he utilizado los libros siguientes:

San Juan de la Cruz: *Obras escogidas*. Edición y prólogo de Ignacio B. Anzoátegui. Austral, Madrid 1959

San Juan de la Cruz: *Poesía*. Edición de Domingo Ynduráin. Cátedra, Madrid 1992

San Juan de la Cruz: *Poesías, Llama de amor viva*. Edición de Cristóbal Cuevas. Taurus, Madrid 1993

Johannes vom Kreuz: *Das Lied der Liebe*. Übertragen von Irene Behn. Einsiedeln, Freiburg 1992

VII.
Luis de Góngora
1561–1627

Zwei Seelen...

— ¿Y Góngora?
— Yo hubiera preferido pasarlo por alto, pero ya que Usted me pregunta, no tendré más remedio que decir algo de él.
— Wieso? Ich dachte, er wäre einer der ganz Großen.
— Isser auch anscheinend. Nada menos que 18 poemas suyos, con sus respectivas traducciones, trae la antología de Reclam.[1] Y nada menos que 14 poemas de Góngora, con un total de 21 páginas, incluye la antología de Francisco Rico.[2]
— Aber?
— Ich wollte uns diese Mühe sparen.
— Wieso?
— Weil er noch barocker ist als Quevedo. Wobei, wenn ich ehrlich sein soll, es mindestens zwei Góngoras gibt, und der eine ist höchst reizvoll und sogar reizend.
— Also zwei Seelen in einer Brust...
— Sozusagen. Zwei Adern eher. Die eine ist nicht nur nicht für jeden. Sie ist nicht einmal nur für Gebildete. Sie ist nur für Einge...weihte, und zwar für einen kleinen Kreis von Eingeweihten, die, hätte ich fast gesagt, genauso verschroben denken wie er.
— Ein Beispiel?
— Lieber nicht!
— Bitte!
— Sie haben es gewollt. Hören Sie zu, wie eines seiner berühmtesten Gedichte, ein sehr langes, anfängt. Es el comienzo de sus famosas *Soledades*. Lo aprendí en el colegio. Aún me lo sé de memoria:[3]

1 *Spanische Lyrik von der Renaissance bis zum späten 19. Jahrhundert*. Stuttgart 1990
2 Rico, Francisco: *Mil años de poesía española. Antología comentada*. Editorial Planeta. Barcelona 1998
3 Si no se fían de mi memoria, consulten: Luis de Góngora: *Poesía selecta*. Página 253.

Era del año la estación florida
en que el mentido robador de Europa,
media luna las hastas de su frente,
el sol todo los rayos de su pelo,
luciente honor del cielo,
en campos de zafiro pace estrellas;
cuando el que ministrar podía la copa
a Júpiter mejor que el garzón de Ida,
naúfrago y desdeñado sobre ausente,
lagrimosas de amor dulces querellas
da al mar...

— Chinesisch verstehe ich besser.
— Sehen Se? Und ganz ähnlich geht es im *Polifemo* zu. Wer sich damit befaßt, ist selber schuld. Wobei Góngora selbst die Dinge anders sah: Wer ihn nicht verstehe, sei ein Ignorant. En una carta escribe:

«Honra me ha causado hacerme oscuro a los ignorantes...»[1]

Sinngemäß: «Ich rühme mich, den Ignoranten unverständlich zu sein...»
— Wir zwei sind also Ignoranten...
— Scheint so.
— Nicht lieb von ihm.
— Nein, nicht sehr lieb.
— Und der reizvolle Góngora?
— Ein paar Kostproben. Primero dos estrofas de un poema que lleva un estribillo que por lo visto era un refrán:[2]

¡Que se nos va la Pascua, mozas,
que se nos va la Pascua!

— Was soll das: *Ostern läuft uns davon, Mädels, Ostern läuft uns davon*?
— Ist doch klar: Ostern ist der Frühling, also die Jugend. Und diese Warnung geht an die mozas, an die jungen Mädchen, a las mozuelas:

¡Que se nos va la Pascua, mozas,
que se nos va la Pascua!

Mozuelas las de mi barrio,
loquillas y confiadas,
mirad no os engañe el tiempo,
la edad y la confianza.

1 Esta cita la tomo de la introducción a: Luis de Góngora: *Poesía selecta*. Página 19.
2 Tomo este poema de: Luis de Góngora: *Poesía selecta*. Pp. 97–99.

Sehr einfach und sehr schön, wie er die jungen Mädchen aus seinem Viertel beschreibt: loquillas y confiadas. Nicht verrückt, nur *loquillas*. Y *confiadas*: *vertrauensselig*, *unbesorgt*. Sehr einfach auch die Warnung:

Mirad no os engañe el tiempo,
la edad y la confianza.

Laßt euch nicht täuschen vom Alter...
— Spielverderber!
— Ne, ne. So einfach ist das nicht. Hören Sie erst einmal zu:

No os dejéis lisonjear
de la juventud lozana,
porque de caducas flores
teje el tiempo sus guirnaldas.

— Das verstehe ich nicht.
— Ganz einfach:

Laßt euch nicht schmeicheln
von eurer blühenden Jugend,
denn aus vergänglichen Blumen
flicht die Zeit ihre Girlanden.

— Also doch ein Spielverderber!
— Ganz und gar nicht. Sogar ganz das Gegenteil, denn, nachdem er in nicht weniger als vier weiteren Strophen die Vergänglichkeit der Jugend und ihrer Schönheit beteuert hat, schließt er mit folgender Strophe ab:

Por eso, mozuelas locas,
antes que la edad avara
el rubio cabello de oro
convierta en luciente plata...

— Moment! Es geht mir zu schnell. Und dann die Satzordnung.
— Immer mit der Ruhe! *La edad avara* ist *das gierige Alter*. Y bien sabemos que la edad convierte el rubio cabello de oro en luciente plata.
— Ja, bekanntlich pflegt das Alter das blonde goldene Haar in leuchtendes Silber zu verwandeln. Wir Männer verlieren sogar das Haar. Sehr unästhetisch.
— In diesen Versen geht es nicht um die Ästhetik, zumal graue Haare äußerst schön sein können. Diese Verwandlung der Haare ist hier für Góngora nur ein Bild für das Altwerden. So die Warnung: Mozuelas locas, antes de que perdáis vuestra juventud...
— Was sollen sie tun, bevor sie ihre Jugend verlieren?

— Volle Pulle leben:

quered cuando sois queridas,
amad cuando sois amadas,
mirad, bobas, que detrás
se pinta la ocasión calva.

— Das gibt es nicht! Bevor sie alt werden, sollen die jungen Frauen lieben, immer wenn sie geliebt werden. Eine klare Aufforderung zum *make love*!
— So isses. Und diese Aufforderung zum Zugreifen wird mit einem heute noch sehr bekannten *refrán* unterstrichen: *La ocasión la pintan calva*. Die Chance darf man nicht vorbeigehen lassen, denn am Hinterkopf hat sie keine Haare, nicht einmal einen Schopf wie in Deutschland.
— Ah ja, das erklären Sie auch in Ihrem *Besserwisser IV*.
— Also noch einmal die ganze Strophe:

Por eso, mozuelas locas,
antes que la edad avara
el rubio cabello de oro
convierta en luciente plata,
quered cuando sois queridas,
amad cuando sois amadas,
mirad, bobas, que detrás
se pinta la ocasión calva.
¡Que se nos va la Pascua, mozas,
que se nos va la Pascua!

— Muß ich mir merken. Eine solche Bejahung des Lebens!
— Und so ist nur konsequent, was er in einem anderen Gedicht über eine sehr junge, frisch verheiratete Frau erzählt, deren Mann in den Krieg ziehen muß:[1]

La más bella niña
de nuestro lugar,
hoy viuda y sola,
ayer por casar,
viendo que sus ojos
a la guerra van,
a su madre dice,
que escucha su mal:
dejadme llorar
orillas del mar.

---

1 Lo tomo de *Poesía selecta*, pp. 82–83.

— Ich komme nicht ganz mit: *ayer por casar, sus ojos...*
— Sí, *ayer por casar* bedeutet, daß sie gestern noch nicht verheiratet war.[1]
— Daß sie noch zu haben war...
— Eben! Y al marido de esta recién casada se le llama aquí *sus ojos*.
— Wie wir im Deutschen sagen: ihr Augapfel?
— Genau! Und diese Frau, so jung, daß sie als *niña* bezeichnet wird, deren Augapfel in den Krieg ziehen muß, praktisch zur Witwe geworden, erzählt ihrer Mutter von ihrem Unglück und bittet darum, am Ufer des Meeres weinen zu dürfen. Also noch einmal:

La más bella niña
de nuestro lugar,
hoy viuda y sola,
ayer por casar,
viendo que sus ojos
a la guerra van,
a su madre dice,
que escucha su mal:
dejadme llorar
orillas del mar.

Y siguen tres estrofas con la lamentación de esta niña, convertida de repente en viuda sin serlo, condenada a renunciar a un amor que acaba de descubrir. Saltamos ahora esas tres estrofas que Usted puede leer, con su correspondiente traducción, en la antología de Reclam,[2] y seguimos con las dos estrofas últimas, de una sinceridad conmovedora:

Dulce madre mía,
¿quién no llorará
aunque tenga el pecho
como un pedernal,[3]
y no dará voces
viendo marchitar
los más verdes años
de mi mocedad?[4]
Dejadme llorar
orillas del mar.

---

1 Explico esta construcción de infinitivo en *Besserwisser V*, p. 35.
2 *Spanische Lyrik... pp.* 218–221
3 *Pedernal* es *Feuerstein*. Also ein Herz aus dem härtesten Stein.
4 *Mocedad, juventud*, viene de mozo, moza.

— Tja, die *blühendsten Jahre der Jugend welken dahin*. Wer wird da nicht *weinen, j*a sogar *aufschreien*!
— Die Klage wird immer konkreter. Sie verwünscht die Nächte (*váyanse las noches*), denn die Augen, die ihre Augen wach hielten, sind fort (*pues se han ido los ojos que hacían velar los míos*). Die Nächte sollen nicht sehen, wie einsam sie ist (*váyanse y no vean tanta soledad*). Und dann wird sie ganz konkret, direkt, ja sogar unpoetisch: denn in meinem Bett ist eine Hälfte zu viel (*después que en mi lecho sobra la mitad*):

Váyanse las noches,
pues ido se han,
los ojos que hacían
los míos velar;
váyanse y no vean
tanta soledad,
después que en mi lecho
sobra la mitad.
Dejadme llorar
orillas del mar.

— Also dieser Góngora gefällt mir! Sehr sogar.
— Mir auch. Dieser schon. Und so sage ich mir oft folgenden Vers des Góngora auf, jetzt, wo ich soviel wie zurückgezogen, beinahe weltentrückt lebe.
— Sie sind doch kein Aussteiger.
— Nicht ganz. Aber nah dran. Y por eso me gusta recitar la estrofa siguiente, que también comienza con un refrán:[1]

Ándeme yo calente
y ríase la gente.

— Ja, das Sprichwort kenne ich aus Ihrem *Besserwisser IV*. Sinngemäß: Man darf mich auslachen; solange es mir nur gut geht.
— Eben. Und in dieser Strophe wird das Sprichwort glossiert:

Traten otros del gobierno
del mundo y sus monarquías...

— Um das *Regieren* der Welt und ihrer Königsreiche sollen sich andere kümmern...
— Genau. Góngoras Tage dagegen werden von den Tafelgenüssen *regiert*:

---

1 Lo tomo de: Luis de Góngora: *Poesía selecta*. Página 92.

Traten otros del gobierno
del mundo y sus monarquías,
mientras gobiernan mis días
mantequillas y pan tierno;
y las mañanas de invierno
naranjada y aguardiente,
y ríase la gente.

— Schön, aber ziemlich frivol.
— Meinen Sie?
— Meine ich.
— Nee, ich sehe hier eher eine spielerische Version des *beatus ille,* aquella oda de Horacio que canta las ventajas de la vida retirada y que ha sido mil veces imitada en la poesía europea.
— Sí, no hace falta que me explique lo del *beatus ille*. Eso lo sabe incluso un ignorante como yo.
— Bueno, no se me enfade. Por cierto que Góngora era de Córdoba, o sea andaluz.
— Eso se nota.
— Y era cura.
— Eso ya se nota menos.

Mis fuentes:

Luis de Góngora: *Poesía selecta*. Edición de Antonio Pérez Lasheras y José María Miró. Clásicos Taurus, Madrid 1991
Luis de Góngora: *Canciones y otros poemas en arte mayor*. Edición crítica de José María Micó. Espasa-Calpe, Madrid 1990

VIII.
Soneto a Cristo crucificado
Siglo XVI-XVII

La triple cuadratura del círculo

— Hoy vamos a comenzar sin introducción ninguna:

No me mueve, mi Dios, para quererte
el cielo que me tienes prometido...

— ¡Un momento! «No me mueve...»
— Im modernen Deutsch könnten wir etwas flott sagen: Es motiviert mich nicht... En alemán también se usa *bewegen* en este sentido, como Usted muy bien sabe: *Was hat Sie dazu bewogen?*
— Dann heißt es in etwa: Was mich dazu bewegt, Dich zu lieben, ist nicht der Himmel, den Du mir versprochen hast...
— Ja, ganz genau. Also noch einmal:

No me mueve, mi Dios, para quererte
el cielo que me tienes prometido,
ni me mueve el infierno tan temido
para dejar por eso de ofenderte.[1]

Tú me mueves, Señor, muéveme el verte
clavado en una cruz[2] y escarnecido,[3]
muéveme el ver tu cuerpo tan herido,
muévenme tus afrentas[4] y tu muerte.

Muéveme, en fin, tu amor en tal manera,
que aunque no hubiera cielo yo te amara[5]
y aunque no hubiera infierno te temiera.

No me tienes que dar porque te quiera,
porque aunque lo que espero no esperara
lo mismo que te quiero te quisiera.

---

1 *Ofenderte – dich beleidigen*. Sie wissen, die Sünde *beleidigt* Gott ganz persönlich.
2 *Muéveme el verte clavado en una cruz... Mover* tiene aquí además el sentido de *conmover*: es ist bewegend.
3 *Escarnecido – verspottet*. ¿Sabían Ustedes que *escarnecer* viene de la antigua palabra alemana *skernon*?
4 *Afrenta – Schmähung*. Ya ven que no estamos lejos de la palabra *Affront*.
5 *Te amara*: hoy usamos en este sentido el potencial: te amaría. Lo mismo ocurre con *te temiera* y *te quisiera*.

Ya sabe Usted que este soneto, que se encuentra en todas las antologías, es de finales del siglo XVI o principios del XVII y que es de autor desconocido, o sea anónimo.
— Sí, ya lo sé. Y es curioso que no se conozca al autor del mejor poema escrito en castellano...
— Was sagen Sie?
— Daß dieses Sonett das schönste Gedicht in spanischer Sprache ist.
— Meinen Sie?
— Bueno, eso dicen. Yo lo he leído en algún sitio.[1]
— Y Usted ¿qué dice?
— Hombre, bien rimado sí que está este soneto, eso no lo negará Usted. Y dice cosas muy conmovedoras, sehr bewegend. Da zeigt sich jemand so beeindruckt vom Leiden Jesu, also Gottes, daß er eine absolut selbstlose Liebeserklärung an diesen leidenden Gott abgibt.
— Sí, sin duda, gut gereimt ist dieses Sonett auf jeden Fall. Das kann man nicht leugnen. Está muy bien rimado, en un lenguaje claro, sencillo, preciso, comprensible para todo el mundo... Und rührend ist es auch.
— Pero me parece que a Usted no le entusiasma...
— Hombre, pues sinceramente no es que me entusiasme.
— ¿Y por qué? Si se puede saber.[2]
— Pues en primer lugar porque es teología bien rimada y nada más que teología bien rimada.
— No entiendo.
— Quizás lo entienda mejor si le digo que Antonio Machado distinguía entre poesía de verdad y «lógica rimada». La poesía de verdad vive de intuiciones, la lógica rimada vive de conceptos.[3]
— Según eso, no hay muchos poetas de verdad.
— Pues sí, aun entre los más famosos hay más rimadores que poetas.

---

1 In der Tat erfindet das mein Gesprächspartner nicht. Según *Rainer Hess* este soneto «gilt nach einhelliger Auffassung als das schönste, eindrucksvollste, ergreifendste Gedicht der spanischen Lyrik...» Der Autor scheint selber zu ahnen, daß er den Mund zu voll genommen hat, denn er fügt einschränkend hinzu: ...wenigstens der religiösen Lyrik.» Selbst mit dieser Einschränkung ist dieses Urteil äußerst gewagt. (Rainer Hess: *Soneto a Cristo crucificado*. Aus: *Die spanische Lyrik von den Anfängen bis 1870*, S. 377.)

2 *Si se puede saber* equivale a *wenn ich bitten darf*.

3 Yo les recomendaría que leyeran el *Cancionero Apócrifo* de Antonio Machado. Mir tut seine Kritik der Dichtung von so berühmten barocken Autoren wie Calderón und Góngora sehr wohl. Para mi gusto el capítulo mejor es el titulado *El Arte poética de Juan de Mairena*. Ahí se encuentra la expresión «lógica rimada» hablando de una poesía de Calderón de la Barca. En la edición de Oreste Macrì de las *Obras Completas de A. Machado* está en la página 698 del tomo I.

— Mehr Reimer als Dichter?
— Eso al menos dice sinngemäß Antonio Machado. Y yo, modestamente, le doy la razón. Y así, de este soneto tan famoso diría yo, no que sea «lógica rimada», sino «teología rimada», teología puesta en versos.
— ¿Qué teología?
— La teoría teológica de que al Dios cristiano hay que amarlo y temerlo porque sí, sin interés ninguno. Lo cual, ello solo ya es la cuadratura del círculo por partida doble. Porque primero: ¿Cómo se puede amar y temer a la vez a la misma persona? Y segundo: ¿Cómo se puede amar a quien, según la fe misma, ha inventado el infierno? Und noch was: Detrás está la teoría de que el amor perfecto es absolutamente desinteresado.
— Glauben Sie etwa nicht an die selbstlose Liebe?
— Die selbstlose Liebe ist ein Märchen, un cuento chino.
— Pero el amor religioso es otra cosa...
— ¡Y un jamón![1] Es pura ilusión, por no decir hipocresía,[2] o incluso adulación[3] afirmar:

no me tienes que dar porque te quiera,
porque aunque lo que espero no esperara
lo mismo que te quiero te quisiera.

Ungereimt heißt das: Für meine Liebe zu dir sollst du mich nicht belohnen, denn, selbst wenn ich das nicht erwarten würde, was ich von dir erwarte, ich würde dich genauso lieben, wie ich dich liebe.
Schlimmer kann man sich beim angeblich mächtigsten Wesen nicht andienen.
— Meinen Sie?
— Meine ich. El amor desinteresado es otra cuadratura del círculo. El amor, ya de por sí, es interesado. Y si no es interesado no es amor.
— Bueno, sí, pero existe también la compasión. Y la compasión es desinteresada.
— ¿Cree Usted?
— Pues hombre, sí. Und in diesem Gedicht empfindet jemand Mitleid mit seinem leidenden Gott.
— Alles andere als selbstlos. Das Mitleid ist durch und durch selbstbezogen. Pienso en aquel texto de Heine:

---

1 *Y un jamón* equivale más o menos a *denkste*! Explico esta expresión en la página 108 de *Besserwisser I*.
2 *Hipocresía – Heuchelei*
3 *Adular – schmeicheln.*

«Wer seinen Gott leiden sieht, trägt leichter die eigenen Schmerzen. Die vorigen heiteren Götter, die selbst keine Schmerzen fühlten, wußten auch nicht, wie armen gequälten Menschen zumute ist, und ein armer gequälter Mensch konnte auch, in seiner Not, kein rechtes Herz zu ihnen fassen. (...) Um so vom ganzen Herzen geliebt zu werden, muß man leidend sein. Das Mitleid ist die letzte Weihe der Liebe, vielleicht die Liebe selbst. Von allen Göttern, die jemals gelebt haben, ist daher Christus derjenige Gott, der am meisten geliebt worden. Besonders von den Frauen.»[1]

— ¿Y cree Usted que Heine conocía este soneto?
— Pues no me extrañaría. Ya sabe Usted que es ésta una de las poesías españolas más conocidas en Europa. En alemán existen muchas versiones.
— Pero aquí no ponemos una versión en alemán, ¿verdad?
— No, dejemos que cada cual haga su propia versión.
— Pero permítame una pregunta indiscreta...
— Pregunte lo que quiera, ya sabe que no hay preguntas indiscretas...
— Bien, von mir aus. Mi pregunta es: Si a usted no le entusiasma este soneto, ¿por qué lo incluye en esta selección?
— Pues sencillamente porque yo durante bastantes años me identifiqué con este poema. Amén de que[2] es una de las poesías más conocidas en España. Nosotros la aprendíamos de memoria en el colegio. Y en la iglesia la cantábamos. Era una pieza clave dentro de nuestra religiosidad.
— Y ¿cree Usted que lo sigue siendo?
— Sí, supongo que sí.

P.S.: Hier meldet sich mein Freund Karl Kirsch elektronisch zu Wort: «Auf das Sonett hätten deine Gesprächspartner mit etwas mehr Dialektik reagieren können. Historisch ist der Atheismus schließlich ein Sproß der Theologie. Gerade die bedingungslose Liebe zu Gott führt zu seiner Abschaffung. Das Unbedingte und das Nichts, sie sehen sich zu ähnlich. Einen Gott wie der alte Jehova, mit dem Moses immer Verhandlungen führt, was er für die Gebete des Volkes Israel zu liefern habe, so ein unter Bedingungen geliebter Gott, der ist viel viel solider.»

Ich fürchte, a mi amigo Karl no le falta un poco o un mucho de razón. Aber auch das ist ein zu weites Feld...

---

1 Del capítulo IV de *Die Stadt Lucca*.
2 Amén de que...– además de que...

IX.
Francisco de Quevedo
1580–1645

Liebe ist...

— Tja, was ist denn Liebe?
— Definiciones del amor hay muchas, y a veces muy contradictorias...
— Será porque *cada uno habla de la feria como le fue en ella.*[1]
— Sí, seguramente. Pero apenas habrá una definición más paradójica que la que formula Quevedo, un maestro de la paradoja y del soneto, en un soneto perfecto que se titula *Definiendo el amor* y que comienza así:[2]

> Es yelo abrasador, es fuego helado,
> es herida que duele y no se siente,
> es un soñado bien, un mal presente,
> es un breve descanso muy cansado;

Wortwörtlich:

> Brennendes Eis und eisiges Feuer;
> schmerzende Wunde, die man nicht spürt;
> ein ersehntes Gut, leibhaftig ein Übel;
> eine kurze, sehr anstrengende Ruhepause...

— Wenn das keine Dialektik ist!
— Und es geht weiter:

> es un descuido[3] que nos da cuidado,[4]
> un cobarde con nombre de valiente,
> un andar solitario entre la gente,
> un amar solamente ser amado;

— Ich glaube, das kann sogar ich aus dem Stegreif übersetzen:

> Sorglosigkeit, die uns Sorgen macht;
> ein Feigling, der sich tapfer nennt;
> einsam sein mitten unter den Menschen...

---

1 Explico este refrán en *Besserwisser IV*, p. 42.
2 Yo lo tomo de la *Antología poética* de Quevedo publicada por Espasa-Calpe, p. 21, pero se encuentra en toda antología, tanto de Quevedo como de la poesía en castellano.
3 *Descuido* ist hier *Sorglosigkeit* im Sinne von sorgenfrei, nicht im üblichen Sinne von Unachtsamkeit, Fahrlässigkeit.
4 *Cuidado – cuita – Sorge*

Aber hier muß ich passen, porque ¿qué es *un amar solamente ser amado?*
— Quevedo spielt hier mit dem Verb *amar*, zunächst im Sinne von *begehren, anstreben*, dann im Sinne von *lieben*: *Da liebt (begehrt) jemand, nur geliebt zu werden*. Und es geht weiter mit den Paradoxien:

es una libertad encarcelada,
que dura hasta el postrero parasismo;[1]
enfermedad que crece si es curada.

— *Una libertad encarcelada*. Was ist damit gemeint? Die Freiheit eines Gefangenen oder das Gefängnis der Freiheit?
— Wahrscheinlich beides. Und dieser Zustand hält bis zum Tode an, bis zum *letzten Atemzug*, der hier ziemlich dramatisch als *parasismo*, que es lo mismo que *paroxismo,* bezeichnet wird.
— *Enfermedad que crece si es curada*: Die Liebe sei eine Krankheit, die schwerer wird, indem sie geheilt wird. Wie ist das gemeint?
— Meiner Meinung nach so: Das Liebesleiden wird nur durch Liebe geheilt. Dann wird aber die Liebeserkrankung noch heftiger.
— Es kann aber auch bedeuten: Indem man versucht, jemanden von seiner/ihrer Liebe zu heilen, das heißt, ihr entgegenzuwirken, wird sie nur noch stärker.
— Ja, es kann auch sein. Y el soneto termina así:

Este es el niño Amor, éste es su abismo.
¡Mirad cuál amistad tendrá con nada
el que en todo es contrario de sí mismo!

Sinngemäß: Dieses Kindchen Amor ist ein Abgrund. Und wie soll einer, der immer und überall sich selbst Gegner ist, je ein treuer Freund sein! *¡Mirad cuál amistad tendrá con nada el que en todo es contrario de sí mismo!*
— Gar nicht schmeichelhaft, diese Definition der Liebe...
— Sí, aunque no hay que tomar muy en serio tales poemas, pues no trasmiten necesariamente experiencias personales. He leído en varios sitios que una buena parte de esta poesía barroca de amor no son más que ejercicios galantes y dialécticos.
— Geistreiche Übungen und galante Wortspielereien?
— So in etwa. Por otra parte Quevedo no sería Quevedo de habernos

---

1 Hoy decimos *paroxismo*. *Paroxismo* es ein *heftiger Anfall*. *Postrero* es *letzter*. Gemeint ist hier der Todeskampf.

dado[1] una definición romántica del amor. Todo el mundo sabe que Quevedo es en lengua castellana el maestro de la ironía, de la sátira...
— Y de la mala leche...[2]
— Sí, y de la mala leche. A mala leche no hay quien le gane.[3] Dicen que era un amargado, desengañado de la vida. Y un melancólico, obsesionado por el paso del tiempo, por la vanidad de la vida, obsesionado por la muerte. Si no supiera que Quevedo era creyente, diría yo que era un nihilista. Aunque, resulta difícil llamar nihilista a alguien que, hablando de sus propios restos mortales, una vez convertidos en ceniza, escribió:[4]

...serán ceniza, más tendrán sentido.
Polvo serán, mas polvo enamorado.

— *Verliebter Staub!* Wow! Quevedo es más romántico que el más romántico de los románticos.
— Sí, un tipo muy contradictorio. Y un creyente católico a machamartillo.[5] Y antisemita...
— ¿Y todo ello no le impidió ser un genio?
— Todo lo contrario. Sólo los genios pueden permitirse el lujo de ser contradictorios.
— Quizás fuese en el fondo un anarquista.
— Sí, quizás, como buen genio. Y no olvide Usted que fue un gran maestro de la lengua. Hay quienes le consideran como *el* maestro de la lengua castellana.
— ¿Por delante de Cervantes?
— Sí, Borges, por ejemplo, le pone decididamente por delante de Cervantes.
— ¿Y Usted?
— No, yo aprecio a Quevedo, pero me resulta demasiado difícil y rebuscado. A mi gusto se pasa de agudo.[6] Als würde er unablässig Rätsel

---

1 *De habernos dado – wenn er uns gegeben hätte...* Esta y otras construcciones de infinitivo las explico en el capítulo III de *Besserwisser V*.

2 Quizás sepan Ustedes que *mala leche* es ein derber und doch ganz üblicher Ausdruck für Boshaftigkeit. Diese *böse Milch* ist – wie könnte es anders sein! – die Samenflüssigkeit.

3 A mala leche *no hay quien le gane* – In puncto mala leche *ist er unübertrefflich.*

4 Así concluye un soneto que muchos consideran el mejor de la poesía española y que se titula: Amor constante más allá de la muerte.

5 *A machamartillo – Machar* es golpear, *martillo* es Hammer. *A machamartillo* ist mehr als überzeugt, fast fanatisch. *Es un creyente a machamartillo: Der Glaube ist bei ihm ganz festgenagelt.* (*Behämmert* und *bekloppt* beinhalten eine Nuance, die in *a machamartillo* nicht steckt.)

6 *Se pasa de agudo – Er überzieht es mit der Scharfsinnigkeit.*

aufgeben wollen. Me cansa mucho. Para mí, Quevedo es demasiado barroco. De todos modos, como poeta es Quevedo muy superior a Cervantes.

— ¿Fue Quevedo contemporáneo de Cervantes?

— No del todo. Cervantes le llevaba 33 años a Quevedo y murió 26 años antes que él.

— ¿Y cuándo murió Quevedo?

— Quevedo murió en 1645, con 65 años.

— Una edad respetable para entonces...

— Sí, la mala leche es a veces muy sana.

PS.: Para que juzguen Ustedes mismos, les incluyo la traducción del soneto *Definiendo el amor* que trae el libro *Spanische Lyrik von der Renaissance bis zum späten 19. Jahrhundert*, p. 243:

Sonett, die Liebe erklärend

Sengendes Eis, eisiges Feuer,
schmerzende Wunde, die man nicht spürt,
Glück im Traum, im Wachen Unglück,
Ruhen, das ermatten läßt;

Ohne Sorgen sorgenvoll,
Feigheit mit dem Namen Mut,
einsam weilen unter Menschen,
Liebe, die der Liebe harrt!

Freiheit tief im Kerker,
währet bis zum letzten Hauch
Krankheit schwerer durch Umsorgen.

Das ist Cupido, das ist seine Hölle:
Seht, welch Freundschaft soll er halten,
er ist sich selbst nur Widerpart.

Ausnahmsweise werde ich mich jedes Kommentars enthalten, obwohl ich an dieser Übersetzung sehr wohl einiges zu beanstanden hätte. Sie hoffentlich auch.

Mis fuentes:

Francisco de Quevedo: *Antología poética*. Selección y prólogo de R. Esteban Scarpa. Espasa-Calpe, Madrid [4]1959

El libro de Reclam *Spanische Lyrik von der Renaissance bis zum späten 19. Jahrhundert* incluye una amplia biografía y bibliografía de Quevedo, así como una selección de 14 poemas suyos con sus respectivas traducciones.

La antología de Francisco Rico, *Mil años de poesía española*. Editorial Planeta. Barcelona 1998, incluye 12 poemas de Quevedo con un total de 15 páginas.

X.
G. A. Bécquer
1836–1870

Un sevillano flamenco

— *Flamenco* steht hier für flämisch, denn aus Flandern war im XVI. Jahrhundert jene Familie nach Sevilla gekommen, aus der die Bécquers unter anderem stammten.
— Lange her.
— Ja. Die flämische Spur war so gut wie verwischt, als sein Vater, der den nichtssagenden Namen *José Domínguez* trug, sich jenes flämischen, noch dazu halb adeligen Zweigs der Familie entsann und sich nachträglich mit deren Namen schmückte.
— Para la historia de la literatura aquello tuvo grandes ventajas, porque imagínese que en lugar de hablar de Bécquer tuviéramos que hablar de Domínguez...
— Sí, es verdad. Y a aquel apellido tan sonoro como exótico le pusieron por delante un nombre tan exótico como sonoro: Gustavo Adolfo.
— Realmente sonoro: ¡Gustavo Adolfo Bécquer!
— Nuestro Gustavo Adolfo Bécquer nació en 1836, en Sevilla, como tantos poetas. Murió con 34 años. Murió joven, como tantos poetas. Y dicen que este sevillano de nombre flamenco castellanizado modernizó la poesía en lengua castellana, aunque dicen que durante su vida no se publicaron más que quince poesías suyas.[1] Dicen que redescubrió la poesía popular, y dicen también que se inspiró en Heine, cuyas poesías debió de leerlas en castellano.
— Llamándose Becker ¿no las leyó en alemán?
— No, recuerde que no se llamaba Becker sino Bécquer, es decir Domínguez, y que de alemán tenía tanto como de chino. Und es wird Sie vielleicht wundern, wie es mich auch gewundert hat, daß nicht weniger als zwei Dichter um die Mitte des XIX. Jahrhunderts Heines Gedichte ins Spanische übersetzten: Augusto Ferrán und Eulogio Florentino Sanz hießen sie. Yo llevo años buscando esas traducciones, sin encontrarlas. Pero bueno, parece evidente que Bécquer las leyó y que esa lectura le

1 Eso dice Sieghild Bogumil en la página 20 de su trabajo sobre Gustavo Adolfo Bécquer publicado en *Die spanische Lyrik der Moderne*. Frankfurt Main 1990.

marcó. Folgende Gedichte könnten eine heinische Resonanz erkennen lassen. Juzgue Usted mismo:

Por una mirada, un mundo;
por una sonrisa, un cielo;
por un beso... ¡Yo no sé
qué te diera por un beso![1]

— Betont romantisch, aber nicht ironisch...
— Auch bei Heine ist nicht alles ironisch! Pero escuche los siguientes versos:

¿Qué es poesía? – dices mientras clavas
en mi pupila tu pupila azul.[2]
¿Qué es poesía? ¿Y tú me lo preguntas?
Poesía... eres tú.[3]

— Ah, daher nehmen Sie den Titel für diesen Band! ¡Poesía eres tú!
— Eben! Und im folgenden Gedicht ist sogar so etwas wie heinische Ironie zu ahnen:

Es cuestión de palabras, y no obstante,
ni tú ni yo jamás,
después de lo pasado convendremos
en quién la culpa está.[4]

¡Lástima que el amor un diccionario
no tenga[5] donde hallar
cuándo el orgullo es simplemente orgullo,
y cuándo es dignidad![6]

— Sí, esto casi podría ser de Heine. Wie nötig und dabei wie schwer diese Unterscheidung zwischen Stolz und Würde!
— Nicht nur der «stolze Spanier» würde sehr viel gewinnen, wenn er zwischen Würde und Stolz zu unterscheiden wüßte.

---

1 Rima XXIII

2 *Clavar* es annageln, y *clavar la mirada, clavar los ojos* es una expresión usual para decir: *mirar fijamente – anstarren. La pupila* steht hier für die Augen.

3 Rima XXI

4 *Jamás ... convendremos en quién la culpa está – Wir werden uns nie darüber einigen, bei wem die Schuld liegt.*

5 *Lástima que el amor un diccionario no tenga... – Lástima que el amor no tenga un diccionario...*

6 Rima XXXIII

— Realmente es una *lástima que el amor no tenga un diccionario donde hallar cuándo el orgullo es simplemente orgullo y cuándo es dignidad.*
— Sí, es una pena. ¡Cuántos errores habré cometido yo por creer que actuaba por dignidad, cuando estaba actuando por puro orgullo e incluso por ignorancia!
— ¿Y ahora ya no comete Usted esos errores?
— Hombre, ahora menos. Alguna ventaja habría de tener el ser viejo... Pero volvamos a lo nuestro: Auch heinisch mutet folgende Strophe an:

Una mujer me ha envenenado el alma,
otra mujer me ha envenenado el cuerpo;
ninguna de las dos vino a buscarme,
yo de ninguna de las dos me quejo.[1]

— Ja, voll heinisch:

Eine Frau hat mir die Seele vergiftet,
eine andere hat mir den Körper vergiftet. Keine von beiden hatte mich aufgesucht.
So beklage ich mich über keine von beiden.

In leichten deutschen Versen verfaßt wäre das Heine pur.
— ¿Y qué me dice Usted de esta delicia de poema, egal ob heinisch oder nicht?

Los suspiros son aire y van al aire.
Las lágrimas son agua y van al mar.
Dime, mujer, cuando el amor se olvida,
¿sabes tú adónde va?[2]

— Das muß ich auswendig lernen.
— Pues apréndase también lo siguiente, porque apenas habrá en España una poesía más conocida que aquélla que empieza así:

Volverán las oscuras golondrinas
en tu balcón sus nidos a colgar,[3]
y otra vez con el ala a tus cristales
jugando llamarán.[4]

---

1 Rima LXXIX
2 Rima XXXVIII
3 *Colgar* es auf- oder anhängen. Quizás recuerden Ustedes que los nidos de las golondrinas muchas veces están como colgados.
4 Die Schwalben streifen hier mit ihren Flügeln die Fensterscheiben: *jugando llaman a los cristales – spielend klopfen sie an die Fensterscheiben.*

Pero aquéllas que el vuelo refrenaban[1]
tu hermosura y mi dicha al contemplar,[2]
aquéllas que aprendieron nuestros nombres,
esas... ¡no volverán![3]

— Tja! Die Schönheit und das Glück sind bekanntlich flüchtig und vergänglich!
— So gesagt ist es eine Banalität. En cambio, dicho con las imágenes con las que lo dice Bécquer, es poesía, y poesía de la buena. La buena poesía no vive de conceptos sino de intuiciones que se plasman en imágenes.
— ¿Qué es eso de *que se plasman*?
— Die in Bildern *Gestalt finden*. Oder einfacher: die sich *in Bildern niederschlagen.*
— Ah ja. Ahora recuerdo la diferencia que hacía Usted entre *lírica* y *lógica rimada.*
— No soy yo quien hace esa diferencia. Yo la tomo de Antonio Machado, como ya le dije.[4]
— Bueno, sí. Pero dígame qué escribió Bécquer.
— Escribió mucha prosa. Lo más conocido de su prosa son las *Leyendas* y las *Cartas desde mi celda.* En cambio, poesía escribió muy poca. Que sepamos,[5] Bécquer no escribió en total más que 86 poemas. Llevan el simple título de *Rimas*, Reime. Por lo visto, para ser un gran poeta e incluso para cambiar el rumbo de la poesía de un país no es necesario escribir mucho.

---

1 *Refrenar – das Tempo drosseln*; sonst auch zügeln und zähmen. (*Frenar – bremsen*)
2 *Dicha – felicidad.*
Tu hermosura y mi dicha al contemplar – al contemplar tu hermosura y mi dicha.
3 Rima LIII
4 En el capítulo VIII de este libro, p. 85
5 *Que sepamos – unseres Wissens*

Mis fuentes:
De las *Rimas* hay multitud de ediciones, antiguas y modernas. Yo he utilizado:
Bécquer, Gustavo Adolfo: *Rimas*. Introducción de F. Abad. Edaf, Madrid 1983
Y traducciones al alemán hay, meines Wissens, nada menos que tres: una de 1880, otra de 1893, y la tercera de 1913.
Rimas de Bécquer se encuentran en todas las antologías. Nada menos que 14 rimas con su correspondiente traducción se encuentran en: *Spanische Lyrik von der Renaissance bis zum späten 19. Jahrhundert.* Reclam, Stuttgart 1990

XI.
Rubén Darío
1867–1916

Der größte Dichter dieser Sprache?

— Rubén Darío también murió relativamente joven, con 49 años. Pero dicen que contribuyó como nadie a modernizar la poesía en castellano. Más incluso que Bécquer. Y si lo dicen, pues por algo será.
— Pero a Usted no le gusta...
— Hombre, no es que no me guste, es que no me interesa.
— Pero Usted lo ha leído...
— No he leído ni mucho menos todo lo que escribió, pues escribió muchísimo; pero lo que he leído no me anima a seguir leyendo.
— Pero es uno de los grandes poetas...
— Parece que sí. Ernesto Cardenal incluso afirma que Rubén Darío es el mayor poeta en lengua castellana. In Cardenals deutschem Prolog des Buches *Rubén Darío, Gedichte*, lese ich zwischen verwundert und amüsiert: «Fraglos ist er der Dichter, der auf die Dichtung dieser Sprache den größten Einfluß ausgeübt hat, und ist daher der größte Dichter dieser Sprache.»[1] Pero a mí eso me suena a patriotismo e incluso a patrioterismo.[2]
— ¿Cómo así?
— Pues porque Ernesto Cardenal es nicaragüense y Rubén Darío era nicaragüense. Pero prescindiendo de eso, parece que sí, que fue uno de los grandes poetas en lengua castellana. En eso parecen estar de acuerdo los poetas y los críticos, nicaragüenses o no. Y algunos de sus poemas los encontrará Usted en todas las antologías.
— Pero bueno, a Usted...
— A mí no me interesa, como le decía. Y como esto del arte es una cosa tan subjetiva, al menos en este mundo que llamamos libre, nadie me puede obligar a que me interese. Si le he de ser sincero, no es sólo que no me interese, sino que me resulta artificial, rebuscado, amanerado e incluso cursi.
— ¿Cursi?

1 ¡Olé!
2 *Patriotero* ist die abwertende Form von *patriota*. Hurrapatriot? Chauvinist?

— Sí, *cursi* es el equivalente de *kitschig*. Yo diría que la suya es una estética adolescente, en permanente pubertad. Con demasiados cisnes. Pero reconozco que Rubén Darío domina el lenguaje como pocos y que domina el ritmo y la rima como casi nadie. De hecho nosotros en el colegio leíamos y aprendíamos de memoria poemas suyos. Aún recuerdo fragmentos. Una de las estrofas más conocidas y más recitadas en castellano es aquella con la que comienza la *Canción de otoño en primavera*:

Juventud, divino tesoro,
¡ya te vas para no volver!
Cuando quiero llorar no lloro...
y a veces lloro sin querer.

— No está mal.
— No, no está mal. Está incluso muy bien. Y en mis tiempos de adolescente me encantaba. Como aquel otro poema larguísimo, titulado *Sonatina*, que comienza así:

La princesa está triste... ¿qué tendrá la princesa?
Los suspiros se escapan de su boca de fresa,
que ha perdido la risa, que ha perdido el color.
La princesa está pálida en su silla de oro,
está mudo el teclado de su clave[1] sonoro,
y en un vaso olvidada se desmaya[2] una flor.

De adolescentes recitábamos entusiasmados estos versos alejandrinos, sonoros, rítmicos, brillantes, y nos extasiábamos contemplando esa flor que *se desmaya, olvidada en un vaso*. Y le dábamos la razón al profesor de literatura que nos hacía observar: «Mirad que Rubén Darío no dice que *se marchita una flor*, que sería lo normal, lo botánico, sino que *se desmaya una flor*, que es lo poético, como si la flor fuera una persona...»
— Y tenía razón el profesor...
— Pues sí, tenía razón. Los profesores siempre tienen razón. Para eso son profesores. Como tenían razón los profesores cuando, para explicarnos qué es eso de la onomatopeya, also die Lautmalerei, nos hacían aprender de memoria aquella *Marcha triunfal* que comienza:

---

1 *El teclado* es *die Tastatur*, y *el clave* es un instrumento musical: *das Klavichord*. *La clave*, en cambio, ist der Schlüssel im Sinne von *Code, Lösungswort, Notenschlüssel...*
2 *Desmayarse – ohnmächtig werden*

¡Ya viene el cortejo![1]
¡Ya viene el cortejo! Ya se oyen los claros clarines.
La espada se anuncia con vivo reflejo;
Ya viene, oro y hierro, el cortejo de los paladines.[2]

— Pero eso no es todo Rubén Darío...
— No, no. Eso no es todo. Escribió mucho. Pero, como le decía, con demasiados cisnes. Y para dejarle a Usted buen sabor de boca[3] terminaré recitándole una estrofa del *Poema del otoño*:

Y, no obstante, la vida es bella,
por poseer
la perla, la rosa, la estrella
y la mujer.

— ¡ Eso es! ¡Y la mujer!

Mis fuentes:

Wentzlaff-Eggebert, Harald: *Rubén Darío. Leda.* En: *Die spanische Lyrik der Moderne.* Pp. 81-96.
Rubén Darío: *Gedichte.* Vorwort von Ernesto Cardenal. Auswahl, Übertragung und Nachwort von Curt Meyer-Clason. Oberschleißheim 1983
Rubén Darío: *Antología poética.* Edición de Allen W. Philips. Clásicos Taurus, Madrid 1994
Rubén Darío: *Poesías.* Introducción y selección de Pere Gimferrer. Planeta, Barcelona 1987

1 *Cortejo – Festzug. Cortejo* viene de corte, Hof. Kein Wunder also, daß *cortejar den Hof machen* bedeutet.
2 *Paladín* era el caballero que se distinguía en la guerra. Equivale más o menos a *Kämpe, campeón.*
3 *El sabor de boca* ist *der Nachgeschmack.*

XII.
Antonio Machado
1875–1939

Un sevillano en Castilla

— De sí mismo escribió Antonio Machado:

> Nunca perseguí la gloria
> ni dejar en la memoria
> de los hombres mi canción.[1]

— ¿Y cree Usted que Machado era sincero al decir, daß er *dem Ruhm nie nachgejagt* sei?
— Sincero o no, el caso es que apenas habrá un poeta en lengua castellana que haya dejado *en la memoria de los hombres* tantas *canciones* como él. Y más en concreto, apenas habrá un poema escrito en castellano que se cite y recite tan a menudo como el siguiente:

> Caminante, son tus huellas[2]
> el camino, y nada más;
> caminante, no hay camino,
> se hace camino al andar.
> Al andar se hace camino,
> y al volver la vista atrás
> se ve la senda[3] que nunca
> se ha de volver a pisar.
> Caminante, no hay camino,
> sino estelas en la mar.[4]

Y más en concreto aún, sospecho que no habrá en la poesía española del siglo XX un verso más citado que éste: *Se hace camino al andar.*
— Existencialismo puro, pero sin sentimiento trágico.
— Sí, nada más ajeno a Machado que el sentimiento trágico.
— ¿Y cómo traduciría Usted al alemán ese verso tan simple y tan claro: *Se hace camino al andar*?

1 Campos de Castilla, CXXXVI: Proverbios y cantares,I (*Poesías Completas*, p. 568) En adelante citaré las *Poesías Completas* como P.C.
2 *Huellas* sind hier die *Fußspuren*.
3 *Senda – Pfad*
4 Campos de Castilla, CXXXVI: Proverbios y cantares XXIX (P.C. p. 575)

— Fragen Sie mich was Leichteres, denn ich weiß nicht, wie oft ich es vergeblich versucht haben mag:
Se hace camino: Weg wird? Es wird Weg? Ein Weg wird? Es bahnt sich ein Weg? Es öffnet sich ein Weg?
Al andar: Im Gehen? Beim Gehen? Indem man geht?
— ¿Y las *estelas* del último verso?
— Ja, ich wundere mich immer wieder, wie schwer es ist, Deutschen klar zu machen, was diese *estelas en la mar* bedeuten. Wahrscheinlich liegt es daran, daß es im Deutschen kein hundertprozentig symmetrisches Wort für *estela* gibt.
— Mi diccionario dice *Kielwasser, Sog, Spur...*
— Sí, *estela* es aquí la huella que el barco deja en el agua, eine Furche im Wasser, una huella que se difumina[1] enseguida, un camino que no es camino, eine Fährte, die sich gleich auflöst. Quizás la mejor explicación nos la dé la cuarteta siguiente del mismo Machado:

Todo pasa y todo queda,
pero lo nuestro es pasar,
pasar haciendo caminos,
caminos sobre la mar.[2]

— *Alles bleibt und alles vergeht, und wir, wir vergehen...*
— Oder eher *wir gehen vorbei,* oder vielleicht *wir gehen dahin...* Oder wieder anders: *An uns ist es zu gehen...*
— O.k. Also:

Alles vergeht und alles bleibt,
und an uns ist zu gehen
und dabei Wege zu öffnen,
Wege auf dem Meer.

No cabe dialéctica existencialista más radical.
— Pues no. Una dialéctica cargada de ironía, como en la canción que dice:

Todo amor es fantasía;
él inventa el año, el día,
la hora y su melodía;
inventa el amante y, más,
la amada. No prueba nada,
contra el amor, que la amada
no haya existido jamás.[3]

---

1 *Se difumina – sich verwischt*
2 Campos de Castilla, CXXXVI: Proverbios y cantares XLIV (P.C. p. 579)
3 Otras canciones a Guiomar, II. (P.C. 731)

— Genial: *No prueba nada contra el amor que la amada no haya existido jamás. Es ist kein Beweis gegen die Liebe, daß die Geliebte nie existiert hat.* Me recuerda a Don Quijote, enamorado de una Dulcinea inexistente. Y me recuerda a Heine con su ironía dialéctica o con su dialéctica irónica.
— Y con su lenguaje perfecto y diáfano.[1]
— Y con sus versos livianos[2] y juguetones.
— Sí, como aquella otra canción del mismo Machado:

Ayer soñé que veia
a Dios y que a Dios hablaba;
y soñé que Dios me oía.
Después soñe que soñaba.[3]

— Es fasziniert mich, wie Machado mit einer alles in allem sehr schlichten Sprache schönste und tiefste Poesie schafft.
— Mich auch. Y quizás sea ése el secreto del éxito de Machado, der Grund, warum sein Erfolg sich nicht auf die elitären Kreise beschränkt. Er selbst liebte die *poesía popular.* Y como buen andaluz conocía multitud de coplas y cantares. Además su padre era un gran conocedor de la canción popular andaluza. Ya hablaremos de él cuando hablemos de las coplas.[4] Estos andaluces juegan con ventaja.[5] No es extraño que entre los grandes poetas españoles haya tantos andaluces.
— ¿Por ejemplo?
— Hombre, pues sin ponerme a consultar libros puedo citarle a Góngora, de Córdoba, a Lorca, de Granada, a Juan Ramón Jiménez, de Palos de Moguer, a Alberti, del Puerto de Santa María, a Gutierre de Cetina, de Sevilla. Y de Sevilla son también Bécquer, Aleixandre, el mismo Antonio Machado...
— Pero bueno, yo tengo entendido que Machado se sentía más castellano que andaluz.
— Sí, en realidad sí. Y sus amigos andaluces se admiraban de que, cuando estaba de visita en Andalucía, sintiera nostalgia de Castilla, siendo así que Castilla, comparada con Andalucia, es un yermo, un desierto. La respuesta de Machado no puede ser más clara:

Nadie elige su amor.

---

1 *Diáfano – transparente*
2 *Liviano – ligero*
3 Campos de Castilla, CXXXVI: Proverbios y cantares XXI (P.C. p. 573)
4 En el capítulo XXI de este mismo libro, p. 206.
5 *Jugar con ventaja – mit einem Vorsprung starten*

— ¡Qué verdad! ¡Nadie elige su amor!
— Pues escuche lo que sigue:

Mi corazón está donde ha nacido,
no a la vida, al amor, cerca del Duero...[1]

— ¡Qué bien dicho! Mi corazón está donde ha nacido al amor, no a la vida...
— Sí, a mí me ocurre algo parecido: mi corazón está en Berlín, donde nació al amor, no en Villadiego, donde nació a la vida.
— ¿Y Machado?
— Nació en Sevilla, sí, pero su gran amor lo tuvo en Soria, que como Usted sabe está a orillas del río Duero.
— ¿Y quién fue su gran amor?
— Su gran amor fue Leonor, una niña. Cuando se casaron, el año 1909, Machado tenía 34 años y Leonor 15.
— ¡Qué raro! Eso es casi perverso...
— Yo no diría tanto; pero sí, es un asunto muy extraño. Y tuvo muy mala suerte. Leonor se le murió justo tres años después de casarse, el 1 de agosto de 1912, *una noche de verano:*

Una noche de verano
– estaba abierto el balcón
y la puerta de mi casa –
la muerte en mi casa entró.
Se fue acercando a su lecho
– ni siquiera me miró -
con unos dedos muy finos
algo muy tenue[2] rompió.
Silenciosa y sin mirarme
la muerte otra vez pasó
delante de mí. ¿Qué has hecho?
La muerte no respondió.
Mi niña quedó tranquila,
dolido mi corazón.
¡Ay, lo que la muerte ha roto
era un hilo entre los dos![3]

Y a los pocos días de la muerte de «su niña», Machado abandonó Soria. Una vez muerta Leonor, Soria le resultaba insoportable. Y se fue a

1 Nuevas canciones CLXIV, XV, II (P.C. 662)
2 *Tenue – liviano – leicht – zart*
3 Campos de Castilla CXXIII (P.C. p. 547)

Madrid, y a los pocos meses a Baeza, en Andalucía, esa tierra que vuelve a sentir suya...:

Por estos campos de la tierra mía,
bordados[1] de olivares polvorientos,
voy caminando solo,
triste, cansado, pensativo y viejo.[2]

— Triste, cansado, pensativo y viejo sin su Leonor.
— Pero soñaba con ella:

Soñé que tú me llevabas
por una blanca vereda,[3]
en medio del campo verde,
hacia el azul de las sierras,
hacia los montes azules,
una mañana serena.
Soñé tu mano en la mía,
tu mano de compañera,
tu voz de niña en mi oído
como una campana nueva,
como una campana virgen
de un alba de primavera.
¡Eran tu voz y tu mano,
en sueños tan verdaderas!...
Vive, esperanza, ¡quién sabe
lo que se traga[4] la tierra![5]

— ¡Qué versos tan claros, tan transparentes!
— Sí, ¡Quién pudiera escribir así! Pero volvamos a aquello de que Machado *nunca persiguió ... dejar en la memoria de los hombres su cantar.*
— ¿Por qué quiere Usted que volvamos a eso?
— Pues porque quiero recordarle unos versos que sin duda cuentan también entre los más conocidos y más citados en castellano. Son el comienzo de un poema de las *Soledades*.[6] Dicen así:

---

1 *Bordar – sticken*
2 Campos de Castilla CXXI (P.C. p. 546)
3 *Vereda – senda – sendero. Pfad*
4 *Tragarse – verschlingen*
5 Campos de Castilla CXXII (P.C. p. 547)
6 Soledades LIX (P.C. p. 471)

Anoche cuando dormía
soñé, ¡bendita[1] ilusión!,
que una fontana[2] fluía
dentro de mi corazón.

¿Los conocía Usted?
— ¿Cómo no? Si los conoce todo el mundo...
— ¿Y le gustan a Usted?
— Pues sinceramente no sé qué le diga. Eso de la *fontana* me resulta un poco cursi. Y además, no sé qué imagen es ésa de la fontana que fluía dentro del corazón de Machado. A lo mejor es que tuvo un sueño sexual y lo camufla[3] con eso de la fontana...
— Puede ser. A mí de todos modos me gusta mucho más la segunda estrofa:

Anoche cuando dormía
soñé, ¡bendita ilusión!,
que una colmena tenía
dentro de mi corazón:
y las doradas abejas
iban fabricando en él,
con las amarguras viejas,
blanca cera y dulce miel.

— Sí, eso está muy bien dicho:

y las doradas abejas
iban fabricando en él,
con las amarguras viejas,
blanca cera y dulce miel.

— Quizás se inspirase en estos versos Atahualpa Yupanquí cuando cantaba:

Dicen que no tienen canto[4]
los ríos que son profundos,
mas yo aprendí en este mundo
que quien tiene más hondura
canta mejor por ser hondo
y hace miel de su amargura.

---

1 *Bendita*, wortwörtlich *gutgesagt*, also gesegnet, bedeutet hier eher *willkommen*, *wohltuend*.
2 *Fontana* es la forma culta de *fuente*, *Quelle*. De *fontana* viene *fontanero*, Klempner.
3 *Camuflar* es *tarnen*. Viene del francés *camoufler*.
4 *No tienen* canto – *no cantan*

Pero ya hablaremos de Atahualpa.[1] Ahora volvamos a Machado, porque quiero citarle una coplilla que Usted seguro que no conoce:

Dicen que el hombre no es hombre
mientras que no oye su nombre
de labios de una mujer.
Puede ser.[2]

— Sí, puede ser.
— Es una coplilla deliciosa, deliciosa en la forma, con su pie quebrado, mit seinem «gebrochenen Fuß» am Schluß: tres versos de ocho sílabas cerrados con un verso de cuatro. Y deliciosa en el contenido: *Erst wenn ein Mann seinen Namen aus den* (liebenden) *Lippen einer Frau hört, wird er zum Mann.*
— ¡Qué lejos de todo machismo! ¡Qué visión tan encantadoramente tierna de la masculinidad!
— Y deliciosa la sordina del cuarto verso: *puede ser.*
— ¿Sordina?
— *Sordina,* que viene de *sordo – taub*, ist eine Vorrichtung, die den Schall eines Instrumentes, einer Trompete beispielsweise, dämpft. Dieses *puede ser* dämpft die Aussage der anderen drei Verse. No expresa necesariamente escepticismo y ni siquiera ironía. Es simplemente eso: *puede ser.* Es kann ja sein, muß aber nicht.
— Yo creo que sí, que este *puede ser* es escéptico e incluso irónico...
— Sí, puede ser. Y ya que estamos hablando de cosas deliciosas, delicioso es el poema titulado *Llanto por las virtudes, y coplas por la muerte de Don Guido,*[3] una sátira encantadoramente humorística del señorito andaluz. Se la voy a leer a Usted entera. Vale la pena:

Al fin, una pulmonía
mató a Don Guido, y están
las campanas todo el día
doblando[4] por él ¡din-dan!
Murió Don Guido, un señor
de mozo muy jaranero,[5]
muy galán y algo torero,

1 En el capítulo XIX de este mismo libro. Sobre estos mismos versos hablaremos en la página 199.
2 Cancionero apócrifo CLXVIII: Juan de Mairena, IV (P.C. p. 713)
3 Campos de Castilla CXXXIII (P.C. 563)
4 Las campanas tocan, pero cuando tocan a muerto se dice que doblan, pues sólo emiten un sonido doble: ¡din-dan!
5 *Jaranero – juerguista. Lebemann*, traduce mi diccionario.

de viejo gran rezador.
Dicen que tuvo un serrallo[1]
este señor de Sevilla,
que era diestro[2]
en manejar el caballo,
y un maestro
en refrescar manzanilla.[3]

Cuando mermó[4] su riqueza,
era su monomanía
pensar que pensar debía
en asentar la cabeza.[5]

Y asentóla
de una manera española,
que fue casarse con una
doncella[6] de gran fortuna,
y repintar sus blasones,[7]
hablar de las tradiciones
de su casa,
a escándalos y amoríos
poner tasa,[8]
sordina a sus desvaríos.[9]
Gran pagano,[10]

---

1 *Serrallo* es lo mismo que *harén*. Ustedes conocen sin duda *Die Entführung aus dem Serrail*.

2 *Diestro – tüchtig, fähig, gewandt*

3 *Manzanilla* significa normalmente *Kamille*, pero aquí es, como Ustedes saben, un vino blanco andaluz. *Refrescar manzanilla* equivale aquí irónicamente a *beber manzanilla*.

4 *Mermar – disminuir – abnehmen*

5 *Asentar la cabeza – vernünftig werden*

6 *Doncella*, como ya sabrán ustedes, es una palabra antigua que etimológicamente equivale exactamente a *Fräulein*. *Doña* o *dueña* bedeutete Frau, *doncella* es el diminutivo. Ein *Jüngling* war ein *doncel*. Aquí doncella tiene una resonancia claramente irónica.

7 *Blasón* y *blasones* sind das *Wappen*. *Repintar – neu bemalen*. Durch diese Heirat steigt Don Guidos Stellung in der Gesellschaft. Und er beginnt, sein Wappen neu zu bepinseln, die Traditionen seines Hauses zu entdecken...

8 *Poner tasa – eindämmen – in Schach halten*

9 *Poner sordina* es, como explico en la nota 8, *den Schall dämpfen*, also auch eindämmen. *Desvaríos* sind *Exzesse*.

10 Aquí se sobreentiende frase y media: *Aquel que hasta entonces había sido* un gran pagano, ein großer Heide...

se hizo hermano
de una santa cofradía,[1]
el Jueves Santo salia
llevando un cirio[2] en la mano
— ¡aquel trueno! –[3]
vestido de nazareno.
Hoy nos dice la campana
que han de llevarse mañana
al buen Don Guido, muy serio,
camino del cementerio.
Buen Don Guido, ya eres ido,[4]
y para siempre jamás...
Alguien dirá: ¿Qué dejaste?
Yo pregunto: ¿Qué llevaste
al mundo donde hoy estás?
¿Tu amor a los alamares[5]
y a las sedas y a los oros
y a la sangre de los toros
y al humo de los altares?
Buen Don Guido y equipaje,
¡buen viaje!...
El acá
y el allá,
caballero,
se ve en tu rostro marchito,[6]
lo infinito:
cero, cero.
¡Oh las enjutas[7] mejillas,
amarillas,
y los párpados de cera,
y la fina calavera

1 *Cofradías* son *Brüderschaften* que desfilan en las procesiones de Semana Santa. *Cofrade* viene der *confrater*, Mitbruder.
2 *Cirio – Kerze*
3 *Trueno* es, como Ustedes saben, *Donner*. Pero aquí es una mezcla de Lausbub y Schürzenjäger.
4 *Eres ido* es una forma arcaica que equivale a *te has ido* y que da a este verso una solemnidad irónica.
5 *Alamares* son unos adornos de la capa. Don Guido era evidentemente un hombre muy presumido y coqueto.
6 *Marchito – welk*
7 *Enjuto – abgemagert*

en la almohada del lecho!
¡Oh fin de una aristocracia!
La barba canosa y lacia[1]
sobre el pecho;
metido en tosco sayal,[2]
las yertas[3] manos en cruz,
¡tan formal![4]
el caballero andaluz.

— Son realmente una coplas encantadoras.
— Sí, no hay duda. Son un prodigio de gracia, de agilidad, de lenguaje, de ironía, de humor. Pero ¿sabe usted cuál es el poema de Machado que a mí más me gusta? Es aquél que en seis versos nos cuenta un cuento muy largo:

Erase de un marinero[5]
que hizo un jardín[6] junto al mar
y se metió[7] a jardinero.
Estaba el jardín en flor
y el marinero se fue
por esos mares de Dios.[8]

Estaba el jardín en flor: *Der Garten stand in voller Blüte*. Der Seemann war also ein tüchtiger Gärtner. Und trotzdem... *el marinero se fue*: Da machte sich der Seemann auf und davon. *Se fue por esos mares*... No estos ni aquellos mares, sino esos mares. Esos. Por esos mares, völlig unbestimmt. Por esos mundos, por esos caminos, por esos campos, por esas calles... *Se fue por esos mares de Dios*: Er durchquerte wieder die Meere, diese Meere, die (so will es der Spruch) Gott und nur Gott gehören.

---

1 Die grauen Haare heißen *canas*, daher *canoso*.
Lacio es más o menos *marchito*: welk, schlaff.
2 *Tosco* equivale a *rauh* y *sayal* a *Kutte*.
3 *Yerto* es *steif, starr*, mit der Steife der Kälte oder gar des Todes. No sabía yo que yerto viene de *erguir* o *erigir* y etimológicamente significa, por lo tanto, lo mismo que *erecto*.
4 Supongo que ya sabrán Ustedes que *formal* equivale aquí a *brav*.
5 *Erase de un marinero*... Así, o de modo parecido, comienzan los cuentos: Erase una vez... Era una vez... Había una vez... Erase de una princesa...
6 *Un jardín* es *ein Blumengarten*. *Ein Nutzgarten* es *un huerto* o *una huerta*.
7 *Se metió a jardinero*. Wurde er zum Gärtner? Nicht ganz, denn eine gewisse Skepsis oder zumindest eine gewisse Gespanntheit steckt in dem Ausdruck *se metió a*... Er versuchte sich als Gärtner? Schon eher. Sobre *meter* y *meterse* escribo con bastante detalle en el capítulo V de *Besserwisser II*.
8 Campos de Castilla CXXXVII: Parábolas III (P.C. p. 584)

— Ya veo que a Usted le gusta este cuento.
— Sí, primero por su sencillez: seis versos de ocho sílabas, el tipo de verso más común en castellano, con rimas muy sencillas: marinero – jardinero; flor – Dios. Y segundo, porque con palabras muy simples, con palabras absolutamente cotidianas Machado nos cuenta aquí una historia muy honda.
— Ja, die Sprache ist völlig alltäglich, die Geschichte ist aber alles andere als alltäglich.
— Gewiß, es ist nicht alltäglich, daß ein Seemann sich als Gärtner niederläßt.
— Pero no nos dice Machado por qué aquel marinero *se metió a jardinero*.
— Supongamos que estaba harto de no ver más que agua y cielo, cielo y agua. Supongamos que estaba harto de olas y tormentas. Supongamos que quería sentir tierra firme bajo los pies. Supongamos que había ganado lo suficiente para poder retirarse a vivir cultivando flores... ¿Qué mejor retiro para un marinero harto de olas y tormentas, harto de la monotonía de esos mares de Dios?
– O supongamos que se enamoró de una mujer que vivía junto al mar...
— Sí, ¿por qué no? El caso es que aquel marinero resultó ser un buen jardinero. Aber jener ach so tüchtige Gärtner hielt es nicht lange als Gärtner aus und zog wieder in die weite, weite See. Gerade dann, als der Garten in voller Blüte stand. Cuando el jardín estaba en flor, le picó la nostalgia del mar y se fue, lo dejó todo y se fue, se fue por esos mares. Y por esos mares sigue.
— ¿Y el jardín?
— No lo sabemos.
— ¿Y la mujer, si es que hubo una mujer?
— Tampoco lo sabemos.
— Y el marinero, ¿no volvió a sentir nostalgia de la tierra firme, del jardín y de las flores, de la mujer, de su mujer?
— Puede que sí, pero Machado no nos lo cuenta.
— ¿Y la moraleja?[1]
— No hay moraleja.
— ¡Vaya por Dios![2]
— Una moraleja echaría a perder el poema. Machado era un hombre muy moral pero no era un moralista. Machado era un poeta.
— No se ponga Usted así, que un moralista puede ser también un buen poeta... Kästner por ejemplo.

---

1 Die Moral von der Geschicht'?
2 Kann man nichts machen!

— Na ja, das ist ein zu weites Feld.
— Sí, esto nos llevaría muy lejos.
Pasemos a otro tema más concreto. Poeta no es una profesión. Machado ¿qué era de profesión?
— Era profesor de francés.
— ¿Profesor de universidad?
— No, profesor de instituto, also eines Gymnasiums. Y escribía también obras de teatro, junto con su hermano Manuel, que también era un buen poeta pero que tuvo la buena o mala suerte de ser hermano de su hermano.
— ¿Conoce Usted bien a Manuel Machado?
— Pues francamente no. Conozco algunos versos suyos que no me disgustan.

Mi voluntad se ha muerto una noche de luna
en que era muy hermoso no pensar ni querer...
Mi ideal es tenderme, sin ilusión ninguna...
De cuando en cuando un beso y un nombre de mujer.[1]

— No está mal, pero tampoco es una maravilla.
— No sé, a mí me gusta. Me recuerda incluso lo mejor de Neruda. Pero bien, ¿qué le parece esta visión de la muerte cercana?:

Lleno estoy de sospechas de verdades
que no me sirven ya para la vida,
pero que me preparan dulcemente
a bien morir.

El cuerpo joven pero el alma helada,
sé que voy a morir porque no amo
ya nada.[2]

— Pues no sé qué le diga.
— Los cuatro primeros versos son deliciosos. Pero Usted es aún demasiado joven para comprenderlos:

Lleno estoy de sospechas de verdades
que no me sirven ya para la vida,
pero que me preparan dulcemente
a bien morir.

Auch ich bin allmählich *voll von geahnten Wahrheiten, die mich zwar nicht mehr lebenstüchtig machen, die aber ein süßes Sterben anbahnen...*

---

1 Rico, Francisco: *Mil años de poesía española.* P. 750
2 Ibid. p. 753

Die nächsten Verse passen im Grunde nicht dazu:

El cuerpo joven pero el alma helada,
sé que voy a morir porque no amo
ya nada.

— Un poco melodramático, ¿verdad?
— Sí, un poco mucho. Schauen Sie dagegen, wie spritzig:

Consuelo,
tu nombre me sabía[1]
igual que un caramelo.

¡Qué pobre
soy desde que me falta
el oro de tu pelo!...

Tus ojos
azules no me miran,
y para mí no hay cielo...

¡Consuelo!...[2]

— Muy bonita esta coplilla.
— Charmant und spritzig.
— Por cierto, volviendo a Antonio Machado, ¿conoce Usted las traducciones de sus poemas hechas por Fritz Vogelgsang?[3]
— Sí.
— ¿Y?
— O Gott!
— Was heißt hier o Gott?
— Que eso no es Machado.
— Explíquese.
— Que es de llorar. Es ist zum Heulen.
— ¿Y por qué?
— Pues porque Vogelgsang comete el mismo delito que ya cometió antes al traducir *Platero y yo* de Juan Ramón Jiménez.[4]

---

1 Ustedes saben que *saber* es sowohl *wissen* als auch *schmecken*. Hier das letztere.
2 Ibid. 754
3 *Antonio Machado. Soledades – Einsamkeiten. 1899-1907.* Spanisch und deutsch. Herausgegeben und übertragen von Fritz Vogelgsang. Zürich 1996
4 *Juan Ramón Jiménez. Platero und ich. Andalusische Elegie.* Aus dem Spanischen übertragen und mit einem Essay versehen von Fritz Vogelgsang. Frankfurt am Main 1985

— ¿Y cuál es ese delito?
— Que no respeta el lenguaje del original de *Platero y yo*, un lenguaje sencillo, fluido, claro, un lenguaje altamente poético, pero de una estructura gramatical trasparente y con un vocabulario normal, muy selecto y muy preciso, pero muy normal. En cambio Vogelgsang en su traducción utiliza un lenguaje artificial, artificialmente poético, verschroben, ja sogar oft ausgesprochen kitschig. Ich würde sagen, daß die Übersetzung von Vogelgsang fast durchgehend eine Oktave höher liegt als das Original. Ein Jammer. Und dazu kommt noch in seiner Übersetzung von Machados *Soledades*, daß er in vielen Gedichten sich selbst den Reimzwang auferlegt. Und so entstehen Dinge, die ins Reich des Grotesken gehören.
— Zum Beispiel?
— Machado escribe:

Entre los poetas míos
tiene Manrique un altar.[1]

— Einfacher geht es nicht.
— Meine ich auch. Daraus macht Vogelgsang folgendes:

Unter meinen Dichtern himmelauf
ragt ein Manrique-Altar.

— Verschrobener geht es kaum.
— Eben! Und weiter:

Dulce goce de vivir:
mala ciencia del pasar,
ciego huir a la mar.

Der Sinn:

Süße Freude am Leben:
böses Wissen um die Vergänglichkeit,
blindes Fliehen ins Meer.

Die Übersetzung:

Lieblicher Genuß zu leben:
nicht klar wissen, daß bald war,
was ist; blind fliehen ins Nimmerdar.

---

1 Soledades LVIII: Humorismos, fantasías, apuntes: Los grandes inventos: Glosa (P.C. p. 470)

— O Gott!
— Sagte ich selbst.
— Pero dejemos las quejas, und laß uns Angenehmeres anstimmen. Dígame por qué titula Usted este capítulo *Un Sevillano en Castilla.*
— Pues muy sencillo: porque Machado nació en 1875 en Sevilla y vivió sobre todo en Castilla, siendo uno de los poetas que con más intensidad ha escrito de Castilla. Por cierto, ¿conoce Usted Sevilla?
— Pues sí, un poco.
— Entonces conocerá el Palacio de las Dueñas...
— Pues no, no tengo el gusto.
— Hombre, no me diga Usted que conoce Sevilla y no ha estado en el Palacio de las Dueñas.
— Ya le digo que no. Pero ¿es un delito no conocer ese palacio?
— Para alguien que conoce y quiere a Machado es un delito, porque precisamente allí nació y allí pasó su infancia primera, hasta los ocho años. Y le diré que, cuando yo vi esa casa o ese palacio, me dije: «No tiene mérito ser poeta habiendo nacido y habiendo pasado la infancia aquí.» Machado jugaba con ventaja por partida doble: por andaluz y por haber nacido en la casa en que nació. Por cierto que él ha hecho famosa esa casa o ese palacio con aquellos versos transparentes con los que comienza su *Retrato*:[1]

Mi infancia son recuerdos de un patio de Sevilla,
y un huerto claro donde madura el limonero,
mi juventud, veinte años en tierra de Castilla...

Con ocho años se trasladó con su familia a Madrid, donde vivió hasta 1907. En Soria vivió cinco años y en Segovia nada menos que doce. Fue realmente un sevillano en Castilla.
— ¿Murió joven?
— Eso es muy relativo. Tenía 63 años...
— Y murió en Francia ¿verdad?
— Sí, en un pueblecito de la costa mediterránea, en Collioure, en febrero del 39, unos días después de atravesar la frontera huyendo de las tropas de Franco.
— ¿Había luchado contra Franco?
— Sí, pero no con las armas. Para luchar con las armas estaba ya muy viejo y muy enfermo. Luchó con la pluma y con su prestigio, que era inmenso.

---

1 Campos de Castilla XCVII: Retrato (P.C. p. 490)

— Pero la huida no le sirvió de nada...
— No, estaba ya demasiado enfermo y débil. Murió *ligero de equipaje, casi desnudo*, como había anunciado en *los versos finales de su Retrato*:[1]

> Y cuando llegue el día del último viaje,
> y esté al partir la nave que nunca ha de tornar,
> me encontraréis a bordo ligero de equipaje,
> casi desnudo, como los hijos de la mar.

Y con estos versos podríamos cerrar este capítulo.
— Sí, podríamos. Pero yo tengo un capricho.
— Usted dirá.
— Yo quisiera que concluyéramos este capítulo con mi poema preferido.
— Se va a alargar mucho esto.
— No, no se preocupe, es bien corto.
— Entonces...
— Allá va:

> La primavera ha venido.
> Nadie sabe cómo ha sido.[2]

Soll ich Ihnen meine Übersetzung sagen?
— Wenn es sein muß...
— Ja, es muß sein:

> Plötzlich ist der Frühling da,
> niemand weiß, wie es geschah.

— Sehr schön. Ich glaube fast, das hätte dem Machado selbst gefallen.
— Wenn er Deutsch gekonnt hätte...
— Ja, wenn er Deutsch gekonnt hätte.

Mis fuentes:

Machado, Antonio: *Poesías completas*. Edición crítica de Oreste Macrì con la colaboración de Gaetano Chaiappini. Espasa-Calpe, Madrid 1989
Machado, Antonio: *Prosas completas*. Edición crítica de Oreste Macrì con la colaboración de Gaetano Chaiappini. Espasa-Calpe, Madrid 1989
Machado, Antonio: *Soledades – Einsamkeiten. 1899-1907*. Spanisch und deutsch. Herausgegeben und übertragen von Fritz Vogelgsang. Zürich 1996

---

1 Campos de Castilla XCVII: Retrato (P.C. p. 491)
2 Nuevas canciones CLIX: Canciones, III (P.C. p. 620)

XIII.
Juan Ramón Jiménez
1881–1968

¿Poesía pura?

— Noch ein Andalusier?
— Sí, otro andaluz. De Moguer, en la provincia de Huelva.
— De allí salió la primera expedición de Cristóbal Colón, ¿no?
— No del todo. Colón salió de Palos de Moguer, que está al lado.
— Bueno, bien. Eso no importa mucho. Sentía nada más curiosidad. Volvamos a Juan Ramón Jiménez.
— Para mí, lo más notable de Juan Ramón es su sensibilidad, una sensibilidad incluso excesiva.
— ¿Demasiado sensible para ser hombre?
— Puede. El mismo escribe:

Vive una mujer dentro de mi carne de hombre...[1]

— War er schwul?
— Nicht daß ich wüßte. Entre los hombres también los hay sensibles, sin necesidad de ser schwul.
— Ja, Sie haben recht. Unter den Heteros soll es auch sensible Männer geben. Ich jedenfalls kenne ein paar von der Sorte.
— Juan Ramón era sensibilísimo. Escuche cómo habla del beso:

Y, ¿te gustan más los labios
o las rosas? – ¿Qué me importa?
La rosa me sabe a beso,
el beso a beso y a rosa.

— *Die Rose schmeckt* ihm *nach Kuß, der Kuß nach Kuß und Rose.* Delicioso.
— Y sigue:

Entonces le puse un beso
en la rosa de su boca...
La tarde de abril moría,
rosamente melancólica.[2]

1 De *La soledad sonora*, 1908. Yo lo he tomado de *Antología poética*, p. 189
2 Del libro *Jardines lejanos, 1904.* Yo lo he tomado de *Antología poética*, p. 145.

— ¿Rosamente? Kann man das sagen?
— An sich nicht, aber doch. Sagen kann man alles. Hauptsache, es drückt das aus, was ich ausdrücken will. Aquí Juan Ramón se permite la libertad de construir un adverbio a partir de un sustantivo. Streng genommen geht das nicht. Aber das Ergebnis ist schön. Viel schöner als wenn er geschrieben hätte: rosadamente melancólica. Rosamente...
— Rosenmäßig?
— Ja und nein. Pero dejemos esto, porque si no, vamos a echar a perder la belleza de ese poema del beso y la rosa. Ya nos advierte Juan Ramón mismo: Wir sollen nicht viel zu lange an einem Gedicht rumfingern, denn die Rose verträgt das nicht:

¡No le toques ya más,
que así es la rosa![1]

— Ja, die Analyse wird nicht selten zur Anal-yse.
— Das haben Sie gut gesagt. Ist das von Ihnen?
— Denke ich schon.
— Gratuliere! Aber jetzt was anderes: An diesem Beispiel kann man beobachten, wie unterschiedlich, auch qualitativ unterschiedlich, Übersetzungen einfachster Texte sein können. Ernst Schönwiese, auf Seite 9 von *Falter aus Licht*, übersetzt:

Rühr es nicht an,
denn es ist wie die Rose.

Völlig daneben!
— Wieso?
— Es heißt doch nicht: ¡No le toques! Rühr es überhaupt nicht an! Es heißt: *¡No le toques ya más!* Also: *Rühr nicht mehr weiter daran!* Und zweitens: Es heißt nicht: que (el poema) es como la rosa. Es heißt: que así es la rosa. Das Gedicht ist nicht wie eine Rose, es ist eine Rose, mindestens in der Empfindung Juan Ramóns.
— Ja, es ist der Unterschied zwischen einem Vergleich und einer Metapher. Der Vers Juan Ramóns (*que así es la rosa*) ist eine Metapher, während die Übersetzung (*denn es ist wie die Rose*) nichts mehr ist als ein Vergleich.
— So ist es. Dagegen die diesmal unverschrobene, schlichte Übersetzung von Fritz Vogelgsang auf Seite 9 von *Stein und Himmel*:

---

1 *El poema: I.* Tomado de *Piedra y cielo, 1917-18.* Yo lo he encontrado, con sus correspondientes traducciones, tanto en *Falter aus Licht*, del Heyne Verlag, página 9, como en *Stein und Himmel*, de Klett-Cotta, página 9.

Rühre nicht mehr daran,
denn so ist die Rose!

— Y así es el beso...
— Sí, y así es el beso. El beso y la rosa, la rosa y el beso. Escuche este fragmento:

En aquel beso, tu boca
en mi boca me sembró
el rosal cuyas raíces
se comen el corazón.[1]

— Ja, ein Kuß kann sich *ins Herz hineinfressen.*
— Mit dem Kuß hat es Juan Ramón offensichtlich gehabt: Escuche esta otra miniatura, esta maravilla:

Al amanecer
el mundo me besa
en tu boca, mujer.[2]

— Sí, lo cita Usted en su *Besserwisser IV*, hablando del refrán que dice: «A quien madruga, Dios le ayuda.» Y recuerdo aún la traducción que cita Usted allí mismo:

Zur Morgenstund
küßt mich die Welt,
o Weib, in deinem Mund.

— Sí, es una traducción perfecta y además preciosa. Es una traducción que recrea el original. Pero escuche ahora cómo Juan Ramón, en un poema melancólico, juega con el beso, los versos y las flores:

Yo estaba junto a mi mesa
y entre mis flores, leyendo
el libro triste y amargo
del poeta de mis sueños.

Ella se acercó callada
y me dijo: – Si los versos
te gustan más que mis labios,
ya nunca te daré un beso.

---

1 De *Estío*, 1915. Yo lo he tomado de *Spanische Lyrik des 20. Jahrhunderts.* Stuttgart 1985, p. 78.

2 De *Las canciones de la nueva luz*, 1923-1936. Este texto de Juan Ramón y la subsiguiente traducción de Gustav Siebenmann los he encontrado en *Spanische Lyrik des 20. Jahrhunderts*. Stuttgart 1985, pp. 88-89.

¿Vienes conmigo? ¡La tarde
es tan hermosa! Quiero
antes que llegue la noche
ir por jazmines al huerto.

— Si quieres vamos. Y mientras
coges jazmines, yo leo
del libro triste y amargo
del poeta de mis sueños.

Me miró triste; sus ojos,
llenos de amor, me dijeron
que no. – ¿No quieres? – Voy sola...
Entonces seguí leyendo.

Con lento paso, la pobre,
se fue, sufriendo en silencio;
se fue al huerto por jazmines,
yo me quedé con mis versos.

Iba vestida de blanco.
Después mis ojos la vieron
llorando y cogiendo flores
allá en la sombra del huerto.[1]

— ¿Y se puede saber quién es éste imbécil que prefiere los versos a los besos?
— Pues parece ser que es el mismo Juan Ramón.
— ¡No me diga!
— Sí, pero no sé hasta qué punto está describiendo una situación real.
— Bien, das ist auch nicht so wichtig. Aber wissen Sie, an wen mich dieses Gedicht erinnert hat? An Bécquer.
— Pues sí, ahora que Usted lo dice... Y no sería muy de extrañar, pues yo he leído que Bécquer influyó mucho en Juan Ramón.
— ¿Ve Usted?
— Sí, Usted tiene madera de crítico literario.
— No, no. Yo prefiero disfrutar de la poesía como amateur, como aficionado, como amante, como Liebhaber, no como crítico profesional.
— Y hace Usted muy bien. Muchos críticos literarios echan a perder el placer estético de la lectura. El buen crítico es el que sabe acercarnos al texto y ayudarnos a degustarlo, suponiendo que el texto sea bueno, claro.
— ¿Y a Usted quien le acercó a Juan Ramón?

---

1 De *Arias Tristes, 1903*: *Recuerdos sentimentales.* Yo lo cito según la *Antología poética*, p. 135-136.

— Un profesor de literatura en el internado de los jesuítas en Durango, en el País Vasco. Y por cierto que también Juan Ramón hizo el bachiller en un internado de los jesuitas, en el Puerto de Santa María, cerquita de Cádiz. Sin que con ello quiera yo ni de lejos compararme con él... Pues bien, aquel profesor que me acercó a Juan Ramón era de Vitoria y se llamaba Vicente Gamarra y, cuando un texto le gustaba, nos lo leía con tal entusiasmo que se le ponían rojos la nariz y los carrillos.[1] Era nuestro último año de bachiller y acababan de conceder a Juan Ramón el premio Nóbel de Literatura.
— ¿Cuándo fue eso?
— En 1956.
— A mí me faltaban unos cuantos años para nacer.
— Y a Juan Ramón le quedaban nada más dos años de vida. Y yo tenía 16. Yo entonces no sabía aún mucho de política, pero lo suficiente como para darme cuenta de que al régimen...
— ¿Qué es eso del régimen?
— El régimen de Franco. Das Regime halt. Y como le iba diciendo, al régimen no le gustó mucho aquello de que le dieran el premio Nóbel a un español en el exilio, a un español antifranquista, sozusagen. Porque Juan Ramón se había ido con su mujer a América casi nada más empezar la guerra.
—¿Cuándo fue eso?
— Hombre, eso lo sabe todo el mundo. La guerra comenzó el 18. 7. 1936.
— ¿Todo el mundo? Eso lo sabrá todo el mundo de su generación. Pero siga.
— Como le iba diciendo, Juan Ramón se fue a América con su mujer en Agosto de 1936 y ya no volvió a poner el pie en España ni de visita. O sea que era un español «de los malos». Pero, con todo, había que alegrarse con aquel premio Nóbel, porque al fin y al cabo era español, y el que le dieran el premio Nóbel a un español era un orgullo para España y los españoles... Y esa oportunidad la aprovechó nuestro profesor de literatura, que no le tenía ninguna simpatía a Franco, para darnos a conocer a Juan Ramón. Aún recuerdo con qué calor nos recitaba aquellos versos que comienzan:

Dios está azul. La flauta y el tambor
anuncian ya la cruz de primavera.
¡Vivan las rosas, las rosas del amor.
entre el verdor con sol de la pradera![2]

---

1 *Carrillos* – *Backen*
2 De *Baladas de primavera*, 1910. Yo lo tomo de *Spanische Lyrik des 20. Jahrhunderts*. Stuttgart 1985, p. 82.

Este comienzo es famosísismo: *Dios está azul.*
— El azul de la primavera lo inunda todo. No basta con decir que el cielo está azul. ¡Dios está azul! Es una imagen acertadísima, aun sin necesidad de creer en Dios.
— Sí, tiene Usted razón.
— Y ¿qué es la cruz de primavera?
— La cruz de primavera, la «fiesta de la santa cruz», es el 3 de mayo. Paradójicamente la fiesta de la cruz coincide con la irrrupción de la primavera y del amor:

¡Vivan las rosas, las rosas del amor.
entre el verdor con sol de la pradera!

Y aquel nuestro profesor, con la nariz y los carrillos rojos de entusiasmo, insistía: «Ved este azul y escuchad esta música, la música de la flauta y el tambor, y la música de los versos:

Dios está azul. La flauta y el tambor
anuncian ya la cruz de primavera.
¡Vivan las rosas, las rosas del amor.
entre el verdor con sol de la pradera!»

Y con qué sentimiento nos leía aquello de

¡Cómo lloran las carretas
camino de Pueblo Nuevo!

¿No escucháis cómo lloran las carretas? Como aquí, en el monte, también aquí lloran las carretas.»

Y así era. En aquel entonces en el País Vasco los campesinos aún iban con sus carretas de ruedas macizas de madera, tiradas por bueyes. Y aquellas ruedas macizas de madera avanzaban lentas, chirriando.[1] Llorando, como dice Juan Ramón.
— ¿De qué poema son esos dos versos de las carretas?
— De *Los troncos muertos*. ¿Quiere que se lo lea?
— Si es tan amable...
— Soy tan amable:

Ya están ahí las carretas...
(Lo ha dicho el pinar y el viento,
lo ha dicho la luna de oro,
lo han dicho el humo y el eco...)

---

1 *Chirriar – quietschen*

Son las carretas que pasan
estas tardes, al sol puesto,[1]
las carretas que se llevan
del monte los troncos muertos.
¡Cómo lloran las carretas,
camino de Pueblo Nuevo!
Los bueyes vienen soñando,
a la luz de los luceros,[2]
en el establo caliente
que sabe a madre y a heno.[3]
Y detrás de las carretas,
caminan los carreteros,
con la aijada[4] sobre el hombro
y los ojos en el cielo.
¡Cómo lloran las carretas,
camino de Pueblo Nuevo!
En la paz del campo, van
dejando los troncos muertos
un olor fresco y honrado
a corazón descubierto.
Y cae el ángelus desde
la torre del pueblo viejo,
sobre los campos talados,[5]
que huelen a cementerio.
¡Cómo lloran las carretas,
camino de Pueblo Nuevo![6]

El poema data de 1905. Juan Ramón no tenía más que 24 años. Y el poema es perfecto.

— ¿Es Juan Ramón su poeta preferido?

---

1 *Al sol puesto – gleich nach Sonnenuntergang*

2 *Los luceros* sind der Abend- und der Morgenstern, aber auch die ganz hellen Sterne. So hier.

3 *Heno – Heu*

4 Ich habe selber nachschlagen müssen: *aijada* equivale a *aguijada*, vocablo que mi diccionario traduce por *Ochsenstachel*. Es una vara con un aguijón (Stachel) en la punta, que se utiliza para hacer que los animales, en este caso los bueyes, caminen.

5 *Talar* es *cortar árboles*.

6 De *Pastorales, 1905.* Yo no recordaba más que aquello de *cómo lloran las carretas camino de Pueblo Nuevo*. El poema completo me lo ha trasmitido por Internet mi amigo y medio pariente Teófilo González, andaluz, filósofo, conversador y político por carambola.

— No, eso sería decir demasiado. Zumal mir, ehrlich gesagt, nur der frühe Juan Ramón zusagt. Ab 1916 kann ich mit seinen Gedichten nicht mehr viel anfangen.
— Wieso?
— Ach, mit der Zeit se fue sofisticando cada vez más, sus poemas fueron perdiendo olor, color y sabor y ritmo. Sie wurden immer unsinnlicher. Se fueron haciendo cada vez más abstractos, cada vez más verschlossen y verschlüsselt. Y cada vez más intelectuales.
— ¿Y por qué?
— Yo qué se. Yo sólo se que le dio por «la poesía pura».[1] Es gibt ein sehr bekanntes Gedicht von ihm, publicado en 1918, das dies mit der *poesía pura* thematisiert:

Vino, primero pura,
vestida de inocencia;
y la amé como un niño.
Luego se fue vistiendo
de no sé qué ropajes;
y la fui odiando, sin saberlo.
Llegó a ser una reina,
fastuosa[2] de tesoros...
¡Qué iracundia de yel[3] y sin sentido!
...Mas se fue desnudando.
Y yo le sonreía.
Se quedó con la túnica[4]
de su inocencia antigua.
Creí de nuevo en ella.
Y se quitó la túnica,
y apareció desnuda toda...
¡Oh pasión de mi vida, poesía
desnuda, mía para siempre![5]

— Und was haben Sie dagegen?

---

1 *Le da por la poesia pura – Er hat es mit...*
2 *Fasto*, como sustantivo, es *Pracht, Prunk*. *Fastuoso* será, pues, *prächtig, prunkvoll* und auch *prunkliebend*.
3 *Iracundia* es una variante de *ira, Zorn*. *Yel* es *Galle*. Es sieht so aus, als würde ihm beim Lesen seiner eigenen Gedichte aus einer bestimmten Etappe die Galle hochkommen.
4 *Túnica – Gewand*
5 Del libro *Eternidades*, 1918. Yo la tomo de Rico, Francisco: *Mil años de poesía española*. Barcelona 1998, p. 773.

— Que la poesía no puede ser pura. Que no hay poesía pura. Poesía es palabra, palabra sonora, palabra visual, palabra plástica, palabra musical, «palabra en el tiempo», que diría Machado.[1] Dichtung ist sinnlich oder sie ist keine Dichtung. Und das Sinnliche ist nicht rein, kann nicht rein sein. Jedes Streben nach Reinheit ist mir sowieso suspekt.
— Pero, más que de la poesía pura, Juan Ramón habla en este poema de la poesía desnuda...
— Sí, y la desnudez puede ser muy sinnlich, zugegeben. Aber nicht unbedingt. Das Nackte ist nicht immer und überall sinnlicher als das Angezogene. Es kommt darauf an. Auch in der Poesie. Insofern irrt Juan Ramón meines Erachtens, wenn er eine reine und nackte Poesie anstrebt. Die Poesie ist Sprache, und die Sprache ist nie rein und nie nackt. Das Streben nach einer reinen, nackten Dichtung führt in die Sackgasse, denn nackt und rein ist nur das Schweigen. Wie Tucholsky es – bezeichnenderweise kurz vor seinem Tod – plastisch dargestellt hat:

schweigen
schreiben
sprechen

Und so wären wir bei einem der Grundthemen der Dichtung überhaupt gelandet: la muerte. Escuche qué bien pinta – der frühe Juan Ramón! – *die endgültige Reise*:

El viaje definitivo

...Y yo me iré. Y se quedarán los pájaros
cantando;
y se quedará mi huerto, con su verde árbol,
y con su pozo blanco.
Todas las tardes, el cielo será azul y plácido;
y tocarán, como esta tarde están tocando,
las campanas del campanario.
Se morirán aquéllos que me amaron;
y el pueblo se hará nuevo cada año,
y en el rincón de aquel mi huerto florido y encalado,[2]
mi espíritu errará, nostálgico...

1 En el Aufsatz que lleva el título de «El *arte poética* de Juan de Mairena.» Yo lo tengo en el tomo primero de sus obras completas. (Edición crítica de Oreste Macrì. Espasa-Calpe, Madrid 1989) Comienza en la página 697.
2 *Cal* es *Kalk*. *Encalar* es lo que en Bayern llaman *weißeln*.

Y yo me iré, y estaré solo, sin hogar, sin árbol
verde, sin pozo blanco,
sin cielo azul y plácido...
Y se quedarán los pájaros cantando.[1]

— Genau! Ich kenne dieses Gefühl, das mich überfällt, wenn ich mir vergegenwärtige, daß alles, was mich im Alltag umgibt, weiter existieren wird, nachdem ich gestorben bin. Der Tod kommt mir dann vor wie eine unheimliche Einsamkeit:

Y yo me iré, y estaré solo, sin hogar, sin árbol
verde, sin pozo blanco,
sin cielo azul y plácido...

Während das Leben weiter gehen wird:

Y se quedarán los pájaros cantando.

— Er war ohne Zweifel ein großartiger Dichter, der Juan Ramón. Escuche unos versos de un Juan Ramón un poco más tardío, de 1916:

Cuando, dormida tú, me echo en tu alma,[2]
y escucho con mi oído
en tu pecho desnudo,
tu corazón tranquilo, me parece
que en su latir hondo, sorprendo
el secreto del centro
del mundo.[3]

— Sí, ein schönes Gefühl, das Ohr auf die nackte Brust der schlafenden Geliebten zu legen... Auch ich höre dabei die *Mitte der Welt* pulsieren und *entlocke ihr ihr Geheimnis.*
— Sie entlocken der Welt ihr Geheimnis... Nicht schlecht, wie Sie *sorprendo el secreto del centro del mundo* übersetzen. Nicht ganz genau, aber sehr interessant.
— Danke, es ist mir so gekommen.
— Aber wissen Sie? Das, was mir bei Juan Ramón am besten gefällt, ist immer noch sein Buch *Platero y yo.*
— Das ist aber ein Kinderbuch!
— Denkste! Das ist ein riesiges Mißverständnis. *Platero y yo* es un libro

1 De *Laberinto,* 1913. Yo lo tomo de Rico, Francisco: *Mil años de poesía española.* Barcelona 1998, p. 771.
2 *Me echo en tu alma – ich lege mich auf deine Seele*
3 De *Diario de un poeta recién casado*, 1916. Yo lo tomo de la *Antología poética,* p. 267.

adulto para adultos muy adultos. Sería trágico relegar[1] la ternura, la sensibilidad, la sensualidad al mundo infantil...
— ¿O al mundo femenino?
— Sí, me lo ha quitado Usted de la boca. Yo apenas conozco a un hombre hecho y derecho[2] que lea *Platero y yo*. Cuando le pregunto a un amigo si tiene *Platero y yo,* me responde con desinterés: «¡Ah sí! En el cuarto de los niños debe de estar. Nosotros lo leímos en la escuela.» Ein Jammer!
— ¿O sea que Usted me recomienda que lo lea?
— Unbedingt! Yo le recomiendo que lo tenga siempre muy cerca, y lo tome de vez en cuando en las manos, con cariño, y lo abra, con ternura, y lea una de esas miniaturas prodigiosas, escritas en una prosa trasparente, sonora, plástica, olorosa, colorida, y se deje deslumbrar por esa luz, y vea esos colores, y escuche esos ruidos y sonidos, y juegue con ese Platero juguetón, y ría, y sonría, y llore con esos niños, con esos hombres y con esas mujeres, felices, risueños, alegres, tristes... y sienta cómo se le ensancha el alma con ese mar siempre presente y con esos paisajes anchos y hondos... y se deje inundar por esa melancolía malva, no depresiva, casi risueña... Und freuen Sie sich darüber, erfreuen Sie sich, ja, ergötzen Sie sich an dieser Sprache, die öffnet, vermittelt, ansteckt, an dieser Sprache, die spricht und anspricht...
— ¿Es eso poesía?
— ¡Sí! ¡Eso es poesía! Aunque esté escrita en prosa.

Mis fuentes:

Juan Ramón Jiménez: *Falter aus Licht*. Ausgewählt und übertragen von Ernst Schönwiese. Heyne, München 1981.

Juan Ramón Jiménez: *Herz, stirb oder singe. Gedichte*. Auswahl und Übertragung von Hans Leopold Davi. Mit Zeichnungen von Henri Matisse. Diogenes, Zürich 1977

Juan Ramón Jiménez: *Antología poética*. Edición de Javier Blasco. Cátedra, Madrid 1992

Juan Ramón Jiménez: *Stein und Himmel/Piedra y cielo*. Gedichte spanisch und deutsch übertragen von Fritz Vogelgsang, Klett-Cotta, Stuttgart 1988

Juan Ramón Jiménez. Platero und ich. Andalusische Elegie. Aus dem Spanischen übertragen und mit einem Essay versehen von Fritz Vogelgsang. Insel. Frankfurt/Main 1985

Juan Ramón Jiménez. *Platero y yo*. Ediciones Nauta, Barcelona 1981

---

1 *Relegar – verlegen, verbannen*

2 *Un hombre hecho y derecho – ein ganzer Mann, ein voller Mann, ein erwachsener Mann*

XIV.
León Felipe
1884–1968

Y sé todos los cuentos...

— Con este poema se inició mi cariño por León Felipe:

Yo no sé muchas cosas, es verdad.
Digo tan sólo lo que he visto.
Y he visto
que la cuna[1] del hombre la mecen[2] con cuentos,
que los gritos de angustia del hombre los ahogan[3] con cuentos,
que el llanto del hombre lo taponan[4] con cuentos,
que los huesos del hombre los entierran con cuentos,
y que el miedo del hombre...
ha inventado todos los cuentos.
Yo sé muy pocas cosas, es verdad,
pero me han dormido con todos los cuentos....
y sé todos los cuentos.[5]

— No está mal. Me gustaría hacer una traducción.
— No hace falta. Hace años hicimos mi mujer y yo la siguiente traducción, que apareció en un Kinderbuch:[6]

Viel weiß ich nicht, das gebe ich zu.
Ich rede nur von Dingen, die ich seh.
Und ich sehe:
Mit Märchen wird der Mensch in den Schlaf gewiegt,
mit Märchen werden die Angstschreie des Menschen erstickt,
mit Märchen werden die Tränen des Menschen versiegelt,
mit Märchen werden die Knochen des Menschen begraben;
die Märchen, die Märchen alle
hat die Angst des Menschen erfunden.

1 *Cuna – Wiege*
2 *Mecer – wiegen*
3 *Ahogar – ersticken*
4 *Taponar* viene de *tapón – Stöpsel.* Also *verstopfen.*
5 *Llamadme publicano.* México 1950. Yo lo tomo de la *Obra poética escogida* por Gerardo Diego, p. 117.
6 Jaume Escala/Carme Solé Vendrell: *Die Kinder vom Meer.* Alibaba Verlag, Frankfurt a.M. 1994

Nur sehr wenig weiß ich, das gebe ich zu,
aber mit allen Märchen wurde ich eingelullt,
und ich kenne die Märchen alle.

Das wäre unsere amateurhafte Übersetzung. Sie können sie mit der profihaften Übersetzung meines Freundes Karl Kirsch vergleichen:

Was ich weiß, ist sehr wenig, das ist wahr;
sprech nur über das, was ich gesehn hab.
Doch das sah ich,
dass die Wiege des Menschen mit Märchen sie wiegen,
dass die Schreie, das Entsetzen des Menschen sie mit Märchen ersticken,
dass die Schluchzer des Menschen sie mit Märchen verstopfen,
dass die Knochen des Menschen sie mit Märchen begraben,
und dass die Ängste des Menschen ...
sich diese Märchen sämtlich erfanden.
Ich weiß nur ein paar Dinge, es ist wahr,
aber zu Bett gebracht wurd ich mit den Märchen ...
ich kenn alle die Märchen.

Was sagen Sie dazu?
— Was soll ich dazu sagen? Die Übersetzung Ihres Freundes ist kunstvoller aber auch künstlicher.
— Wie dem auch sei, este poema cayó en mis manos a mediados de los setenta, cuando yo estaba acabando de despedirme de todos los credos.
— ¿De todos los credos religiosos?
— Sí, y de todos los credos profanos también. En eso tardé un poco más, pero al fin también me despedí de todos los credos profanos. Y a ello me ayudó también León Felipe con este poema.
— ¿Y cómo así?
— Ya el comienzo me interesó: *Yo no sé muchas cosas...* Er will uns also nicht die große Erkenntnis verkünden, und eine Offenbarung schon gar nicht. Sehr bescheiden: *Yo no sé muchas cosas, es verdad.* Und das ist nicht Gehabe, bei León Felipe nicht. *Digo tan sólo lo que he visto.* Er bezieht sich nur auf das, was er selbst erlebt hat. *Y he visto...* Und unter den vielen Dingen, die er gesehen hat, wählt er nur eins aus: die zentrale Rolle des Märchens im menschlichen Leben. El cuento y los cuentos. Usted sabe que cuento, al igual que Märchen, tiene el doble sentido de Erzählung y de ficción en el sentido de engaño, Täuschung, einschläfernde, lähmende Täuschung, Einlullung sozusagen.
— Das berühmte Opium von Karl Marx...

— Ja schon. Aber mich erinnert es eher an Heinrich Heine... Sie wissen, in seinem *Wintermärchen*, gleich am Anfang, kaum über die deutsche Grenze bei Aachen gefahren, hört Heine «ein kleines Harfenmädchen» singen...
— Ja, so is es, und «sie sang mit wahrem Gefühle und falscher Stimme»...
— Und wissen Sie noch, was sie sang?
— Aber sicher!

Sie sang von Liebe und Liebesgram,
Aufopfrung und Wiederfinden
Dort oben, in jener besseren Welt,
Wo alle Leiden schwinden.

Sie sang vom irdischen Jammertal,
Von Freuden, die bald zerronnen,
Vom Jenseits, wo die Seele schwelgt,
Verklärt in ewgen Wonnen.

— Und jetzt wird die inhaltliche Ähnlichkeit so groß, daß ich fast vermuten würde, León Felipe habe den Heine gelesen:

Sie sang das alte Entsagungslied,
Das Eiapopeia vom Himmel,
Womit man einlullt, wenn es greint,
Das Volk, den großen Lümmel.

— ¡Tiene Usted toda la razón! «Womit man einlullt, wenn es greint, das Volk...»! *Las lágrimas del hombre las taponan con cuentos.* Und sogar das Einlullen: *...me han dormido con todos los cuentos...*
— Und nicht nur das: Wo bei Felipe steht: «y sé todos los cuentos», lesen wir bei Heine: «Ich kenne die Weise, ich kenne den Text.» Heine kennt sogar «die Herren Verfasser».
— Die scheint León Felipe nicht zu kennen.
— O se los calla en este poema. In diesem Gedicht scheinen ihn die Herren Verfasser nicht zu interessieren, dafür aber die Rolle der Angst in der Entstehung jener einlullenden Märchen: Las situaciones y los momentos extremos de la vida, como son la cuna y el sueño, el dolor y la muerte, todo ello es terreno propicio para el miedo, y el miedo a su vez es terreno abonado[1] para el cuento. Auf die Fragen, die sich in den Grenzsituationen ergeben, wird gern mit Märchen geantwortet.

1 *Abonar – düngen.* Die deutsche Redewendung ist sehr ähnlich: auf fruchtbaren Boden fallen.

— Um die Angst zu bannen...
— Oder auch um die Angst zu schüren. *El miedo ha inventado todos los cuentos.* Deswegen wird es Märchen geben, solange es Angst gibt. Deswegen wird es Religionen und Systeme und Ideologien geben, die den Menschen einzulullen versuchen, solange es Angst gibt.
— Y miedo habrá siempre...
— Sí, miedo habrá siempre. Muchas causas del miedo pueden sin duda superarse. Hoy entre nosotros se ha superado en gran parte el miedo a los fantasmas, al infierno, incluso el miedo a los dioses y hasta casi el miedo a Dios. Pero el miedo a la pobreza, al dolor, a la ausencia, a la soledad, el miedo a la muerte, esa ausencia y soledad completa...
— ¿Le tiene Usted miedo a la muerte?
— Pues yo creo que no, a la muerte como tal creo que no le tengo miedo. Pero no me apetece en absoluto morirme, al menos por ahora. A lo que sí que le tengo muchísimo miedo es a la muerte de las personas que yo más quiero.
— O sea que Usted cree que ciertos miedos son evitables, pero que el miedo es inevitable.
— Sí, estoy convencido. Pero lo que me indigna es que haya quienes se dediquen a cultivar y a avivar el miedo contando cuentos:

> ...y el poeta doméstico, el cronista del rey y el arzobisbo: *el narrador de cuentos.*[1]

— Da haben Sie die Herren Verfasser des Herrn Heine!
— Sí, sin el miedo se cerrarían muchos negocios, y el primero en cerrarse sería el negocio religioso.
— ¡Hombre, no exagere Usted! Usted me parece muy radical en este asunto de la religión. En todos sus libros se mete Usted con la religión.
— Sí, es que también a mí *me han dormido con todos los cuentos, y sé todos los cuentos...*
— Y sé todos los cuentos! Ganz schön überheblich!
— Finden Sie? Ich finde es eher verbittert, beinahe resignativ. Gegenüber den Märchenerzählern, den Herren Verfassern, fühle ich mich sowieso mit meinem ganzen «aufklärerischen» Anspruch arg hilflos, so hilflos wie León Felipe selbst, als er um 1920 die Gestalt des besiegten Don Quijote beschwört:[2]

---

1 *Llamadme publicano*: *Un signo*, I. México 1950. –Yo lo copio de la *Obra poética escogida*, p. 170.
2 *Versos y oraciones de caminante*, libro I. Madrid 1920. Yo lo copio de la *Obra poética escogida*, p. 50.

Auf der Ebene von la Mancha reitet Don Quijote in sein Dorf zurück. Ohne Brust- und Rückenpanzer *(sin peto y sin espaldar)*. Seine Rüstung, nutzlos, untätig, ja tatenlos und verbeult *(ociosa y abollada)*, liegt auf Sanchos Esel *(en el rucio)*. Tatenlos der Ritter selbst, tatenlos und verbittert *(cargado de amargura)*:

Por la manchega llanura
se vuelve a ver la figura
de Don Quijote pasar...

Y ahora ociosa y abollada va en el rucio la armadura,
y va ocioso el caballero, sin peto y sin espaldar...
va cargado de amargura...
que allá encontró sepultura
su amoroso batallar...

— ¿Su amoroso batallar? ¿Amoroso?
— Don Quijote kämpfte nicht nur im Namen der Liebe zu seiner Dulcinea, nein, er kämpfte *liebevoll*.
— Verklärt León Felipe hier den Don Quijote nicht? Soweit ich weiß, war Don Quijote ein ganz schöner Streithammel.
— Ja schon. Aber jeder hat seinen Don Quijote, jeder projiziert auf ihn sein eigenes Bild, seine eigenen Süchte und Sehnsüchte.
— Wie bei Jesus?
— Ja, ähnlich wie bei Jesus. Bloß, die Gestalt des Don Quijote ist lang nicht so tragisch wie die des Jesus.
— Auch Jesus war ein Träumer, der besiegt wurde...
— Meinen Sie?
— Das steht im Evangelium.
— In den Evangelien steht vieles, oft Widersprüchliches, über Jesus, und jeder pickt sich das raus, was ihm paßt, und baut sich ein eigenes Jesusbild auf. Sie zum Beispiel sehen in ihm den Träumer, der besiegt wurde. Von mir aus! Don Quijote war es auf jeden Fall. Aber Don Quijote war noch dazu ein Clown, ein Narr, und zwar bewußt, obwohl nur in ganz hellen Stunden. Und er wurde besiegt, aber nicht getötet, geschweige denn gekreuzigt, er starb ruhig im eigenen Bett, von seinen Freunden und Verwandten umgeben.
— Und von seinem geliebten Sancho!
— Ja, und von seinem zärtlich geliebten Sancho. Er starb nicht in Verbitterung, aber gerade jetzt, wo ihn León Felipe auf der *manchega llanura* reiten läßt, gerade jetzt hat er seine Niederlage noch nicht verdaut. El caballero de la Blanca Luna acaba de derrotarle en la playa

de Barcelona *(Barcino)*. Y Don Quijote, derrotado, postrado, am Boden liegend, ha tenido que prometer dejar las aventuras y volverse a su pueblo. Y Don Quijote, postrado y vencido, ha dado su palabra. Verbittert, denn am Strand von Barcelona hat ihn sein Glück endgültig verlassen *(allá quedó su ventura)*:

va cargado de amargura...
que allá «quedó su ventura»
en la playa de Barcino, frente al mar...

León Felipe sieht den *besiegten Ritter* vorbei reiten, auf dem Rückzug in jenen, seinen Ort *(de retorno a su lugar),* von wo er in der Morgendämmerung eines nicht ganz so fernen Tages ausgeritten war, um die Welt zu verbessern:

Por la manchega llanura
se vuelve a ver la figura
de Don Quijote pasar...
va cargado de amargura...
va, vencido, el caballero de retorno a su lugar.

Und gerade mit diesem besiegten, verbitterten Don Quijote identifiziert er sich immer wieder, wenn ihn die Mutlosigkeit packt *(en horas de desaliento)*. In solchen Stunden möchte er auf Don Quijotes Pferd mitreiten *(hazme un sitio en tu montura, ponme a la grupa contigo)*, zurück zum Dorf *(y llévame a tu lugar)*. Auch er möchte jeden Kampf aufgeben, ja er fühlt sich vor lauter Verbitterung kampfunfähig *(que yo también voy cargado de amargura y no puedo batallar)*, auch er möchte sich zurückziehen, als Aussteiger leben und sich mit Don Quijote dem Beruf des Hirten widmen *(y llévame a ser contigo pastor...)*:

Cuántas veces, Don Quijote, por esa misma llanura
en horas de desaliento así te miro pasar...
Y cuántas veces te grito: Hazme un sitio en tu montura[1]
y llévame a tu lugar;
hazme un sitio en tu montura,
caballero derrotado,
hazme un sitio en tu montura
que yo también voy cargado
de amargura
y no puedo batallar.

---

1 *Montura* es un nombre genérico para un Reittier.

Ponme a la grupa[1] contigo,
caballero del honor,
ponme a la grupa contigo
y llévame a ser contigo
pastor...

Por la manchega llanura
se vuelve a ver la figura
de Don Quijote pasar...

— Ganz schön depressiv...
— Yo no diría tanto. Yo a veces le comprendo a este León Felipe, y no se puede decir que yo sea depresivo. Pero resulta a veces muy duro de digerir el haber tenido que renunciar a los jóvenes ideales de transformar, o al menos de mejorar el mundo. La sensación de derrota es muy amarga. Allerdings sind meine Niederlagen nicht mit der Niederlage León Felipes und seiner Dichtergeneration im spanischen Bürgerkrieg vergleichbar. Von dieser Niederlage hat er sich nicht mehr erholt.
— War er ein Linker, der León Felipe?
— Wenn Don Quijote ein Linker war, dann war León Felipe auch ein Linker.
— Jetzt im Ernst!
— Es ist ernst gemeint. Ein Linker war er schon, aber kein marxistischer, und ein dogmatischer schon gar nicht. Wie Don Quijote war auch er ein entschiedener Verfechter der Gerechtigkeit und ein entsprechend entschiedener Ankläger der Ungerechtigkeit:

> «Mañana o el mundo se organiza sobre unas bases de justicia y de dignidad humanas o el mundo no se organiza de ninguna manera.»[2]

Vielleicht war er nur das, was mir ein kämpferischer Iraner aus der glorreichen 68er Generation mal mitleidvoll bescheinigte: «Du bist nur ein Radikaldemokrat, ein Sozialist bist du nicht.» Y el demócrata radical León Felipe, cuando en 1936 comenzó la guerra de España, él, que estaba en México y contaba ya nada menos que 52 años, volvió inmediatamente a España para ponerse al servicio de la República. Und den Ché Guevara scheint er bewundert zu haben. Trotzdem akzeptiert er nicht die Trennung zwischen rechts und links, zwischen rot und weiß: En 1942, tres años después de acabada la guerra de España, escribe una especie de parábola de *Las tres manzanas podridas:*

---

1 *Grupa – Kruppe*
2 Citado por José Paulino en la introducción a: León Felipe: *Ganarás la luz*. Madrid 1982. Pp. 17-18.)

La manzana roja que me dieron a comer ayer tenía un gusano;
la manzana blanca que se comieron mis padres tenía dos gusanos;
y la manzana verde que se comió la pareja original...tenía tantos gusanos que todos pudimos heredar nuestra parte.
Si hay una manzana sin gusanos en el mundo, no está detrás de mí mismo sino delante.[1]

Kein Apfel ohne Wurm. Der linke nicht, der rechte noch weniger, der naturorientierte schon gar nicht. Wenn ein Apfel ohne Wurm, dann muß man ihn erst erfinden. Rückwärtsgewandt finden wir keinen wurmlosen Apfel. *Si hay una manzana sin gusanos en el mundo, no está detrás de mí mismo sino delante.* Nur «fortschreitend» kann man den wurmlosen Apfel finden.
— Wenn überhaupt: *Si hay una manzana sin gusanos...*
— Eben. Wenn überhaupt. An den Fortschritt der Geschichte vermochte León Felipe nicht so recht zu glauben. Escuche cómo habla de la historia:

¿Quién lee diez siglos en la historia
y no la cierra
al ver las mismas cosas siempre
con distintas fechas?...
Los mismos hombres,
las mismas guerras,
los mismos tiranos,
las mismas cadenas,
los mismos esclavos,
las mismas protestas,
los mismos farsantes,
las mismas sectas
y los mismos,
los mismos poetas...

¡Qué
pena,
qué
pena
que
sea
así todo siempre,
siempre de la misma manera![2]

---

1 *Ganarás la luz*, VII, IV
2 *Versos y oraciones de Caminante*, libro I, 31. Yo lo tomo de *Obra poética escogida*, p. 56)

— Na ja, einiges ändert sich schon.
— Ja, einiges schon. Es fragt sich nur, ob vorwärts oder rückwärts, fortschrittlich oder rückschrittlich.
— Oder fort- und rückschrittlich zugleich.
— Oder vielleicht im Kreise. Wobei meine Lebenslust nicht mehr davon abhängt, ob sich die Menschheit zum Besseren ändert oder nicht. Vor etwa fünfundzwanzig Jahren schon. Pero hoy ya no, hoy ya no espero que la historia avance, ni necesito creer que la historia avanza para seguir viviendo y trabajando y escribiendo, y amando...
— ¿Y luchando?
— Sí, y luchando, muy modestamente luchando para que este mundo nuestro mejore un poquito e incluso que avance. Y cuando tengo la sensación de que avanza, me alegro de que avance, y cuando tengo la sensación de que retrocede, lamento que retroceda. Pero ya no me amargo porque retroceda ni me entusiasmo porque me parezca que avanza. Sólo quien espera se desespera. Ya lo dice un refrán: Quien espera, desespera.
— ¿O sea que Usted no espera?
— Pues propiamente no, no espero. Deseo, sí, pero no espero. ¿Y Usted?
— Mir ist das alles zu verstrickt. Ich lebe und tu mein Bestes, zerbreche mir aber nicht den Kopf mit Fragen nach Sinn oder Unsinn der Geschichte.
— Sí, lo mejor es vivir lo más concretamente posible. Por eso no me agrada el León Felipe tardío con sus continuas referencias a Dios y a Cristo.
— Quizás Dios y Cristo no sean para él más que metáforas...
— Quizás. Pero aunque no fueran más que metáforas – ¡que lo dudo! – son metáforas que llevan un lastre[1] muy pesado. Diese Metaphern sind sehr belastet. Dios, Cristo... son personajes centrales de cuentos, de cuentos crueles y sangrientos. Y al utilizar esas «metáforas» León Felipe se está pasando al bando de los narradores de cuentos.
— Sí, eso les pasa a algunos cuando se hacen viejos...
— Eso es. Y por eso mi León Felipe es el que aún no se había pasado al bando de los narradores de cuentos. En esta línea sigo yo hoy leyendo con un inmenso placer mi poema preferido entre los de León Felipe. Es muy largo. Aquí le leo a Usted solamente un fragmento, el fragmento final. El poema se titula *¡Qué lastima!* Und dieses *wie schade* ist im Grunde doch ironisch und zugleich melancholisch gemeint:

---

1 *Lastre – Ballast*

Todo el ritmo de la vida pasa
por el cristal de mi ventana...
¡Y la muerte también pasa!

¡Qué lastima
que no pudiendo cantar otras hazañas,
porque no tengo una patria,
ni una tierra provinciana,
ni una casa
solariega y blasonada,[1]
ni el retrato de un mi abuelo que ganara
una batalla,
ni un sillón viejo de cuero, ni una mesa, ni una espada,
y soy un paria
que apenas tiene una capa,
venga, forzado, a cantar cosas de poca importancia![2]

— Was meint er damit?
— Ihm fehlen die großen Themen. Ihm fehlt ein Vaterland *(una patria),* eine Region *(una tierra provinciana)*, ein Ahnenhaus mit einem schönen Wappen drauf *(una casa solariega y blasonada)*... Deswegen muß er die unbedeutenden Dinge des Alltags besingen *(cosas de poca importancia)*. Er fühlt sich heimatlos, er ist heimatlos.
— Sehnt er sich nach einer Heimat?
— Ja und nein. Immerhin macht er aus seiner Heimatlosigkeit immer wieder ein Bekenntnis. Zum Beispiel:

Soy en la vida
romero...

— Moment, was bedeutet *romero*?
— Pilger. So hießen die, die nach Rom pilgerten. Dann hießen alle Pilger so, auch diejenigen, die nach Santiago pilgerten. Also, noch einmal:

Soy en la vida
romero,
romero solo que cruza
siempre por caminos nuevos;
ser en la vida
romero,
sin más oficio, sin otro nombre

---

1 *Ein Stammhaus mit Wappen*
2 *Versos y oraciones de Caminante*, libro I, 2. *Obra poética escogida*, pp. 44-47

y sin pueblo...
ser en la vida
romero... romero... sólo romero.
(...)
Sensibles
a todo viento
y bajo
todos los cielos,
poetas,
nunca cantemos
la vida
de un mismo pueblo,
ni la flor
de un solo huerto...
Que sean todos
los pueblos
y todos
los huertos nuestros.[1]

— Das gefällt mir.
— Ja, mir auch. Aber so kann man nicht ewig leben. Irgendwann muß man Wurzeln schlagen. León Felipe selbst hat dann in Mexiko Wurzeln geschlagen.
— A ver, sí, cuénteme, pues con tanto filosofar, no me ha contado Usted apenas nada de la vida de León Felipe.
— Sí, es verdad. Lo primero que le diré es que era farmaceútico de oficio.
— ¿Farmaceútico? Como Theodor Fontane...
— Sí, pero sólo de profesión, no de afición. En 1942 escribe:[2]

> «Tengo 58 años y aún no he aprendido un oficio; no sé pelar[3] una manzana y las faltas de ortografía me las corrige mi mujer:»

De afición era vagabundo, vagabundo y poeta, poeta durch und durch. Poeta con un dejo[4] permanente de tristeza. Y más triste aún porque le tocó vivir la gran tragedia de la guerra civil:

Españoles,
el llanto es nuestro

---

1 *Versos y oraciones de Caminante*, libro I, 4. *Obra poética escogida*, pp. 49-50
2 *Ganarás la luz*, libro I. IV. *Obra poética escogida*, p. 96
3 *Pelar* viene de piel – Haut. Also *schälen*.
4 *Dejo* ist so etwas wie *Nachklang, Beigeschmack*. Die Schwaben sagen dazu ein *G'schmäckle*.

y la tragedia también,
como el agua y el trueno de las nubes.
Se ha muerto un pueblo
pero no se ha muerto el hombre.
Porque aún existe el llanto,
el hombre está aquí de pie,
de pie y con su congoja[1] al hombro...
(...)
Toda la luz de la tierra
la verá un día el hombre
por la ventana de una lágrima...[2]

— Esto está muy bien dicho:

Toda la luz de la tierra
la verá un día el hombre
por la ventana de una lágrima...

Eines Tages wird der Mensch
das ganze Licht der Erde
durch das Fenster einer Träne sehen.

Die Trauer erhellt und erlöst.
— Esto lo escribió en el exilio, desde México, adonde se fue en 1939. Se fue porque era de los que perdieron la guerra, pero se fue decepcionado de los unos y de los otros, de los vencedores y de los vencidos, de los de izquierdas y de los de derechas. Mire con qué radicalidad se distancia en 1939 de los dos bandos:

«Las tribunas proletarias y los púlpitos no son más que guillotinas del amor.»[3]

— O sea que a los dos bandos, al bando proletario y al bando clerical, los acusa de inhumanos.
— Es más, niega que en España hubiera dos bandos:

En España no hay bandos,
en esta tierra no hay bandos,
en esta tierra maldita no hay bandos.

---

1 *Congoja* ist eine sehr starke, tiefe Traurigkeit.
2 *Español del éxodo y del llanto: El llanto es nuestro.* México 1939. *Obra poética escogida*, pp. 79-80
3 *Español del éxodo y del llanto. Doctrina de un poeta español en 1939. Obra poética escogida*, p. 78

No hay más que un hacha amarilla
que ha afilado el rencor.[1]

— *In diesem verfluchten Land gibt es keine Parteien, es gibt nichts als eine gelbe Axt, die der Haß gewetzt hat.* Ganz schön heftig!
— Nicht ganz so heftig in der Form, dafür aber um so heftiger im Inhalt ist folgendes Gedicht aus dem Jahre 1942: Para entenderlo tenga en cuenta que se solía hablar de las dos Españas: la progresista y la reaccionaria, la democrática y la autocrática, la de izquierdas y la de derechas, la moderna y la antigua... Esta imagen de las dos Españas se hizo famosa sobre todo por un poema de Antonio Machado:

Ya hay un español que quiere
vivir y a vivir empieza,
entre una España que muere
y otra España que bosteza.[2]
Españolito que vienes
al mundo, te guarde Dios.
Una de las dos Españas
Ha de helarte el corazón.[3]

Pues bien, León Felipe da una interpretación muy peculiar de esta imagen de las dos Españas:

Hay dos Españas
Hay dos Españas: la del soldado y la del poeta. La de la espada fratricida[4] y la de la canción vagabunda. Hay dos Españas y una sola canción. Y esta es la canción del poeta vagabundo:

Soldado, tuya es la hacienda,
la casa,
el caballo
y la pistola.
Mía es la voz antigua de la tierra.
Tú te quedas con todo y me dejas desnudo y errante por el mundo...
Más yo te dejo mudo... ¡mudo!
Y ¿cómo vas a recoger el trigo
y a alimentar el fuego
si yo me llevo la canción?[5]

---

1 *Español del éxodo y el llanto*. El hacha, II. *Obra poética escogida*, p. 86
2 *Bostezar – gähnen*
3 *Campos de Castilla* 1907-1917. *Proverbios y cantares* LIII. Obras Completas (edición de Oreste Macri, Madrid 1989: CXXXVI, LIII p. 582
4 *Fratricidio – Brudermord*

Se fue llevándose la canción. Tenía ya 55 años.
— ¿Y no volvió a España?
— No, no volvió ni de visita. Una vez estuvo a punto de regresar. Tenía ya sacado el pasaje y había salido ya de casa camino del aeropuerto. Pero se dio media vuelta y regresó a casa. Se quedó en México. Allí murió en 1968.
— ¿Y el amor? ¿Dónde queda el amor en la poesía de León Felipe?
— Yo no lo he encontrado.
— ¡Qué raro, verdad!
— En una carta de 1955, o sea ya con 71 años, le escribe a su hermana Salus:[1]
«Creo que tú has sido el único afecto que me he esforzado por defender siempre...»

Y en la misma carta:

«He andado siempre por el mundo con muy pocas ganas de vivir y sin cables ni amarras[2] con las cosas y con los hombres... Es como un suicidio permanente.»

— ¡Pues para vivir en un suicidio permanente vivió mucho tiempo!
— Sí, 84 años. ¿Y sabe Usted qué epitafio le hubiera puesto yo a su tumba, si me hubieran preguntado a mí? Pues habría puesto dos poemas muy breves suyos. El primero sería uno de los primeros que él escribió en su vida. Yo lo llamaría su programa personal. Es un brevísimo diálogo con alguien, der ihn dazu auffordert, endlich mal, das *Umherirren aufzugeben*. Und er antwortet: Ach, laßt mich! Es wird schon ein starker Wind kommen, der mich an meinen Platz bringt:

— No andes errante...
y busca tu camino.
— Dejadme,
Ya vendrá un viento fuerte
que me lleve a mi sitio.[3]

— ¿Ese viento fuerte, *dieser starke Wind, der ihn an seinen Platz bringen wird,* es el destino?
— Yo creo que no, yo creo que es la vida, la vida misma.
— ¿O sea que es un acto de fe en la vida?

---

11 *Ganarás la luz*. Libro I, VII. Visor, Madrid 1981, p. 27
1 *Obra poética escogida*, p. 215
2 *Cable – Seil. Amarra – Tau*
3 *Versos y oraciones de caminante*, Libro I, VI. *Obra poética escogida*, p. 55

— Si lo quiere llamar acto de fe, llámelo. Yo diría que puede ser ingenuidad infantil de quien no se ocupa del futuro. Pero puede ser también el escepticismo de quien sabe que, en la vida muchas veces, no por mucho romperse la cabeza se encuentra mejor el camino.
— Aber Gedanken über die Zukunft, über den Weg muß man sich schon machen...
— Ja, schon. Bloß, fast immer kommt es sowieso anders... Aber das ist wieder ein zu weites Feld... Escuche el otro poema que yo elegiría como epitafio para León Felipe y que yo llamaría su programa político. Es de 1930:

Voy con las riendas tensas[1]
y refrenando el vuelo,
porque no es lo que importa llegar solo ni pronto
sino llegar con todos y a tiempo.[2]

— Das Bild gefällt mir sehr: *Mit angespannten Zügeln* fliegt er, *den Flug bremsend*, denn er hat es nicht eilig, porque *no es lo que importa llegar solo ni pronto sino llegar con todos y a tiempo*. Ein schönes Schlußwort, meinen Sie nicht?
— Ja doch. Womit wir im Bereich der frommen Wünsche gelandet wären.
— Solidarität würde ich es nennen.
— Ja, nennen wir es Solidarität!

Mis fuentes:

León Felipe: *El Ciervo y otros poemas*. Visor, Madrid 1982
León Felipe: *Ganarás la luz*. Edición de José Paulino. Cátedra, Madrid 1982.
León Felipe: *Ganarás la luz*. Visor, Madrid 1981
León Felipe: *Nueva antología rota*. Finisterre Editores, México ²1974
León Felipe: *Obra poética escogida*. Selección y prólogo de Gerardo Diego. Espasa-Calpe, Madrid 1985

1 *Riendas tensas – straffe Zügel*
2 *Versos y oraciones de caminante*, libro II. *Obra poética escogida*, p. 61

XV.
Federico García Lorca
1898–1936

La casada infiel

— Lorca es de sobra conocido, incluso en Alemania. Así que casi podríamos prescindir de hablar de él aquí. Máxime[1] no siendo santo de mi devoción.
— Was heißt das schon wieder?
— *No es santo de mi devoción* bedeutet, daß er nicht zu den Heiligen gehört, die ich besonders verehre. Wenn es nicht nach poetischer Blasphemie klingen würde, würde ich sogar zu sagen wagen, daß er überschätzt wird. Vielleicht wegen seines tragischen Schicksals. Ya sabrá Usted que lo asesinaron gentes del bando de Franco poco después de empezar la guerra española, el verano de 1936.
— Sí, claro, ¿quién no lo sabe? Pero, ¿no le gustan a Usted sus poesías?
— Hombre, me gusta mucho su *Romancero Gitano.*
— ¿Qué le parece si lo leemos juntos?
— No, es largo y además habría que explicar demasiado. Voy a leerle a Usted nada más uno de los poemas del Romancero Gitano, el poema que se titula *La casada infiel.*
— Die untreue Ehefrau?
— Ja. Y se lo voy a leer a Usted, weil dieses Gedicht für mich doppelt pikant ist. Primero, porque es de un erotismo declaradamente heterosexual...
— ¿Y?
— Pues que parece ser que Lorca era schwul.
— Ah ja! ¿Y segundo?
— Da muß ich Ihnen eine Geschichte erzählen. Es muß um das Jahr 1966 gewesen sein, kurz vor Weihnachten. In einem überfüllten Zug fuhr ich nach Bilbao. Ich stand auf dem Gang. Es war Nacht. Damals gehörte ich noch zum Jesuitenorden und trug Talar. Nichts Schönes, muß ich Ihnen gestehen. Aber so war es nun mal. Neben mir ein kommunikativer bis geschwätziger Reisegenosse. Ihm machte meine Rabenuniform offenkundig nichts aus. Er erzählte und erzählte. Und ich hörte zu, denn das Zuhören gehörte zu den Hauptaufgaben meines damaligen Berufes, das heißt meiner damaligen Berufung. Und auf einmal fragte er: «¿Quiere

1 *Máxime – zumal*

Usted que le recite una poesía de García Lorca?» «Bueno, como Usted quiera.» Und er wollte. Laut und theatralisch begann er: «La casada infiel.» Oh Gott, dachte ich. Ich kannte nämlich das Gedicht und wußte, wie inkompatibel es mit einem Talar war, noch dazu in einem überfüllten Zugwaggon, wo alle zuhörten und mich dabei anstarrten, um zu sehen, welches Gesicht der junge Pfaffe da macht. Aber der Rezitierer war nicht mehr zu bremsen. Das Gedicht beginnt mit einem durch und durch unzüchtigen Paukenschlag: Da wird eine junge *Ehefrau im Glauben, sie sei ein lediges Mädle, zum Fluß mitgenommen*. Die Absicht dürfte selbst dem Naivsten klar sein:

Y que yo me la llevé al río
creyendo que era mozuela,
pero tenía marido.

— Und wie reagierten Sie?
— Ich setzte meine Maske auf und lächelte enigmatisch, während mein Reisegenosse richtig in Fahrt kam: Nicht ohne Koketterie bemerkt der Erzähler, ein Zigeuner, wie wir später erfahren werden, er habe dies Abenteuer nicht einmal richtig gesucht (*casi por compromiso*). Es war in der Nacht des 25. Juli. Eine Hochsommernacht. Das Fest des Santiago war offensichtlich vorbei, denn *die Festlichter* (*los faroles*) *waren aus- und die Grillen angegangen:*

Fue la noche de Santiago
y casi por compromiso.
Se apagaron los faroles
y se encendieron los grillos.

— Ein schönes Bild: Die Lichter gehen aus und die Grillen gehen an.
— Ja, ein schönes Bild. Und dann geht es gleich zur Sache: Der Mann hat es eilig. Bei den letzten Häusern vor dem Fluß *berührt er ihre schlafenden Brüste*, die *sich ihm plötzlich wie Hyazinthensträuße öffnen*:

En las últimas esquinas
toqué sus pechos dormidos,
y se me abrieron de pronto
como ramos de jacintos.

— Schön!
— Ja, sicher, aber mir war es nur peinlich, zumal ich solche Sachen nur vom Hörensagen kannte. Zum Glück konnte ich mich bei den nächsten Versen ein bißchen erholen, denn sie sind nicht ganz so erotisiert wie die

vorherigen und wie die darauf folgenden. Zunächst hören wir *den gestärkten Unterrock* der Frau (*el almidón de su enagua*) rascheln *wie ein von tausend Messern geschlitztes Seidentuch*:

El almidón de su enagua
me sonaba en los oídos
como una pieza de seda
rasgada por mil cuchillos.

— Die erotische Spannung ist ganz schön hoch!
— Ja, aber nicht ganz so ausdrücklich. Und die nächsten Verse beschreiben die nächtliche Stimmung am Fluß. Meisterhaft:

Sin luz de plata en sus copas
los árboles han crecido
y un horizonte de perros
ladra muy lejos del río.

— Ich fürchte, ich brauche Hilfe.
— Schöne Bilder: *Ohne Mondlicht auf ihren Kronen* (*sin luz de plata en sus copas*) erscheinen *die Bäume größer* (*los árboles han crecido*) *und in der Ferne bellt ein Horizont von Hunden.*
— Wirklich meisterhaft.
— Jetzt kann die Handlung beginnen. Und sie beginnt tatsächlich. Direkt am Fluß, *hinter den Brombeeren, den Binsen und dem Dorngestrüpp*, legt sie sich auf den weichen feuchten Boden (*limo*), und *er baut ihr eine Mulde unter dem dichten Haar* (*bajo la mata de pelo hice un hoyo*):

Pasadas las zarzamoras,
los juncos y los espinos,
bajo su mata de pelo
hice un hoyo sobre el limo.

Und sie ziehen sich aus, er symbolisch, sie aber richtig:

Yo me quité la corbata.
Ella se quitó el vestido.
Yo el cinturón con revólver.
Ella sus cuatro corpiños.[1]

— Und Sie?
— Es wurde mir heiß. Zum Glück war das Licht auf dem Gang schwummerig. Und zum Glück beschrieb jetzt der Erzähler die Nacktheit der liegenden Frau ziemlich poetisch, also nicht ganz direkt:

1 *Corpiño*, diminutivo de *cuerpo*, *Leib*, also wörtwörtlich *Leibchen*.

Ni nardos ni caracolas[1]
tienen el cutis[2] tan fino,
ni los cristales con luna
relumbran con ese brillo.

— *Eine Haut feiner als Narden und Perlmutt, und glänzender als vom Mond beschienenes Glas*. Zauberhaft schön!
— Ja, schön und ziemlich unverfänglich für einen jungen g'schamigen Pfaffen. Nicht weniger schön, aber keineswegs mehr unverfänglich, als er danach beschreibt, wie *ihre Schenkel, überraschten Fischen gleich, ihm entgleiten*:

Sus muslos se me escapaban
como peces sorprendidos,
la mitad llenos de lumbre,
la mitad llenos de frío.

Zum Glück für mich wird der Lorca nicht noch konkreter, sondern nur symbolisch, obwohl eindeutig genug: Es war *sein bester Ritt, auf einer jungen Stute aus Perlmutt, ohne Zügel und ohne Steigbügel*:

Aquella noche corrí
el mejor de los caminos,
montado en potra de nácar
sin bridas y sin estribos.

— Ganz schön machohaft angeberisch. Und primitiv! Die Frau als Stute...
— Tja! Und das als Schwuler... Ich weiß nicht, was ein Seelenforscher dazu sagen würde. Auf jeden Fall fährt Lorca in diesem männlichen Gehabe fort:

No quiero decir, por hombre,
las cosas que ella me dijo.
La luz del entendimiento
me hace ser muy comedido.

— *¿Comedido?*
— *Zurückhaltend.*
— Ist nur Getue!
— Der ironische Ton ist unüberhörbar. So brauchen Sie sich nicht aufzuregen. Zumal er jetzt wieder konkret wird:

---

1 *Caracolas* son *caracoles marinos*
2 *El cutis* es *la piel*, sobre todo la piel de la cara.

Sucia de besos y arena
yo me la llevé del río.

Während *die Schwertlilien im Winde miteinander fechten*:

Con el aire se batían
las espadas de los lirios.

— Me recuerda el final del poema de la *Noche Oscura* de Juan de la Cruz:

...dejando mi cuidado
entre las azucenas olvidado.[1]

— Pues tiene Usted razón. No había caído en la cuenta: en Lorca los lirios, en Juan de la Cruz las azucenas tras la culminación del acto de amor. Pero ahí termina la semejanza. Juan de la Cruz cierra el poema con esos versos magistrales. Lorca añade un epílogo que a Usted volverá a resultarle machista, pero que quizás lleve una buena carga de ironía. Auf jeden Fall ist der Erzähler mit sich durch und durch zufrieden:

Me porté como quien soy.
Como un gitano legítimo.

Nicht nur stolz und selbstzufrieden, großzügig ist er auch: Der Frau *schenkt er einen großen Nähkasten aus strohfarbenem Satin*:

Le regalé un costurero
grande de raso pajizo...

Aber von der Frau hält er die Finger weg, denn sie wird ihm zu heiß, als er erfährt, daß sie verheiratet ist:

...y no quise enamorarme
porque teniendo marido
me dijo que era mozuela
cuando la llevaba al río.

Und so endet das Gedicht, wie es angefangen hat: Mit der Feststellung, daß die Frau den Mann getäuscht hat, denn sie war doch verheiratet...
— Und woher weiß er das?
— Das sagt er uns nicht. Auf jeden Fall *will er sich nicht verlieben.*
— Weil sie verheiratet ist oder weil sie ihn getäuscht hat?
— Der Wortlaut spricht für das letztere: *y no quise enamorarme...*

---

1 Lo trato en la página 70 de este libro.

porque me dijo... que era mozuela... Die Täuschung selbst scheint ihn zu befremden. Aber für solche Feinstrickereien hatte ich in jenem Zug keine Zeit. Ich war einfach erleichtert, daß das Gedicht vorbei war.

— Aber Sie haben, wenn schon nicht den Lorca, mindestens den Vortragenden im Zug gelobt.

— Aber sicher! Und ganz erleichtert war ich erst, als wir bald danach in Bilbao ankamen, denn ich wußte nicht, was jener Reisegenosse noch alles auf Lager hatte.

Mis fuentes:

García Lorca, Federico: *Sonetos del amor oscuro. Poemas de amor y erotismo. Inéditos de madurez.* Ediciones Altera, Barcelona 1995

García Lorca, Federico: *Romancero Gitano*. Hay multitud de ediciones. Yo tengo una de 1971 publicada en Alianza-Salvat.

En todas las antologías poéticas encontrarán Ustedes una buena serie de poemas de Lorca:

En la antología de Reclam: *Spanische Lyrik des 20. Jahrhunderts*, en las páginas 128-147 encontrarán Ustedes siete poemas con sus respectivas traducciones, entre ellos el famosísimo *Romance de la Guardia Civil española.*

La antología de Francisco Rico, *Mil años de poesía española*, incluye ocho poemas de Lorca. (Pp. 825-840)

XVI.
Pablo Neruda
1904–1973

Gabriela Mistral
1889–1957

Poemas de amor

— Pues ocurre casi como con Lorca: que Neruda es tan conocido...
— Y tampoco es santo de su devoción...[1]
— Pues francamente no, aunque hay poemas suyos que me gustan, sobre todo algunos de sus *Veinte poemas de amor*. Por ejemplo el poema número 15. La primera estrofa es deliciosa:

Me gustas cuando callas porque estás como ausente,
y me oyes desde lejos, y mi voz no te toca.
Parece que los ojos se te hubieran volado
y parece que un beso te cerrara la boca.

Y la estrofa tercera:

Me gustas cuando callas y estás como distante.
Y estás como quejándote, mariposa en arrullo.
Y me oyes desde lejos, y mi voz no te alcanza:
Déjame que me calle con el silencio tuyo.

— *¿Mariposa en arrullo*?
— *Arrullar* es *girren*, *gurren*. Es el sonido de las palomas enamoradas... Aquí es una mariposa la enamorada. Y sigue:

Déjame que te hable también con tu silencio
claro como una lámpara, simple como un anillo.
Eres como la noche callada y constelada.[2]
Tu silencio es de estrella, tan lejano y sencillo.

Y la estrofa final:

Me gustas cuando callas porque estás como ausente.
Distante y dolorosa como si hubieras muerto.
Una palabra entonces, una sonrisa bastan.
Y estoy alegre, alegre de que no sea cierto.

---

1 *No es santo de mi devoción* bedeutet, daß er nicht zu den Heiligen gehört, die ich besonders verehre.
2 *Estrellada*

— Ein köstliches Gedicht! Muß ich nachher in Ruhe lesen.
— Tun Sie das! Jetzt will ich Ihnen ein anderes vorlesen, das Liebesgedicht Nummer 20:

Puedo escribir los versos más tristes esta noche.

Escribir, por ejemplo: «La noche está estrellada
y tiritan, azules, los astros, a lo lejos.»

El viento de la noche gira en el cielo y canta.

Puedo escribir los versos más tristes esta noche.
Yo la quise, y a veces ella también me quiso.

En las noches como ésta la tuve entre mis brazos.
La besé tantas veces bajo el cielo infinito.

Ella me quiso, a veces yo también la quería.
Cómo no haber amado sus grandes ojos fijos.

Puedo escribir los versos más tristes esta noche.
Pensar que no la tengo. Sentir que la he perdido.

Oír la noche inmensa, más inmensa sin ella.
Y el verso cae al alma como al pasto el rocío.[1]

Qué importa que mi amor no pudiera guardarla.
La noche está estrellada y ella no está conmigo.

Eso es todo. A lo lejos alguien canta. A lo lejos.
Mi alma no se contenta con haberla perdido.

Como para acercarla, mi mirada la busca.
Mi corazón la busca, y ella no está conmigo.

La misma noche que hace blanquear los mismos árboles.
Nosotros, los de entonces, ya no somos los mismos.

Ya no la quiero, es cierto, pero cuánto la quise.
Mi voz buscaba el viento para tocar su oído.

De otro. Será de otro. Como antes de mis besos.
Su voz, su cuerpo claro. Sus ojos infinitos.

Ya no la quiero, es cierto. Pero tal vez la quiero.
Es tan corto el amor y es tan largo el olvido.

Porque en noches como ésta la tuve entre mis brazos,
mi alma no se contenta con haberla perdido.

---

1 *Pasto* es aquí *Gras, Rasen, Wiese*. *Rocío* es *Tau*. Der Vers fällt auf die Seele wie der Tau auf die Wiese.

Aunque éste sea el último dolor que ella me causa,
y éstos sean los ultimos versos que yo le escribo.

— ¡Una maravilla!
— Sí, claro, es una maravilla de sensibilidad, de intensidad, de transparencia, de musicalidad, de sencillez. En sí bastaría este poema para consagrar definitivamente a un poeta. Pero escribió muchísimo. Yo tengo aquí sus *Obras Completas*. Dos tomos con un total de unas 2.700 páginas. Claro, comenzó muy joven a escribir y murió de 69 años, que no es que sea viejo, pero tuvo mucho tiempo para escribir. Y era muy fecundo. Y ya sabe Usted que escribió mucha poesía política, entre otras cosas un libro de poemas sobre la guerra española: *España en el corazón*. Yo tengo una edición con traducción alemana, publicada en la DDR en 1974. Y por cierto que fue amigo de Miguel Hernández y que influyó muchísimo en su evolución como poeta.
— Neruda era español, ¿no?
— Pero ¿qué dice Usted? Si le oyen los chilenos, y sobre todo las chilenas, le linchan. Con lo orgullosos que están ellos de su Neruda. De su Pablo Neruda y de su Gabriela Mistral. Dos premios Nóbel de literatura. Prueba inequívoca de que los chilenos son seres líricos superiores...
— ¿No exagera Usted?
— Hombre, claro que exagero. Aber Übertreibung macht bekanntlich anschaulich.
— ¿Y quién fue el otro premio Nóbel chileno?
— Una chilena, como ya le he dicho. Gabriela Mistral, que nació en 1889 y murió en 1957.
— ¿La conoce Usted?
— Un poco.
— ¿Y le gusta?
— No mucho. Aunque sí, hay un poema suyo que describe bastante bien cómo la mirada enamorada transforma a la persona amada:[1]

Si tú me miras, yo me vuelvo hermosa
como la hierba a que bajó el rocío.
Y desconocerán mi faz gloriosa
las altas cañas cuando baje al río.

— Moment!
— Sí, zuerst ist die Sache klar, so durchsichtig wie bei Nerudas letztem

1 Yo tomo este poema de: *Cien poemas de amor de la lírica en lengua castellana*. Barcelona 1987, p. 122.

Liebeslied: *Wenn du mich anschaust, werde ich schön, wie das Gras, auf das der Tau niedergegangen ist.* Dann wird es etwas verschroben wegen dieser *faz gloriosa*, was, ziemlich verschroben, soviel wie *strahlendes Gesicht* sagen möchte, aber es bleibt im Grunde durchsichtig: *Wenn ich dann zum Fluß runtergehen werde, werden die hohen Schilfrohre mein strahlendes Gesicht nicht wiedererkennen.*

Und sie schämt sich, weil sie in ihren eigenen Augen dieser Schönheit nicht entspricht: Sie schämt sich wegen ihres traurigen Mundes, ihrer gebrochenen Stimme und ihrer unfeinen Knie. Durch den liebenden Blick und die liebende Nähe fühlt sie sich arm und nackt:

— ¡Vaya por Dios! Es könnte aber auch genau das Gegenteil passieren. Der liebende Blick hat sie doch schön gemacht! Das hat sie selbst gerade gesagt:

> Si tú me miras, yo me vuelvo hermosa
> como la hierba a que bajó el rocío...

— Und trotzdem schämt sie sich:

> Tengo vergüenza de mi boca triste,
> de mi voz rota y mis rodillas rudas.
> Ahora que me miraste y que viniste,
> me encontré pobre y me palpé desnuda.

Sie sieht sich sogar als *nackten, scheinlosen* (desnuda de luz) *Stein. Diese* unscheinbare *Frau sei ihm nur deswegen aufgefallen* (a la que levantaste...la mirada), *weil sie gesungen hat:*

> Ninguna piedra en el camino hallaste
> más desnuda de luz en la alborada[1]
> que esta mujer a la que levantaste,
> porque oíste su canto, la mirada.[2]

Aber glücklich fühlt sie sich, und dieses Glück will sie alleine für sich behalten: Die Vorbeigehenden sollen an dem Glanz ihrer an sich groben Stirn und am Zittern ihrer Hand nicht erkennen, wie glücklich sie ist:

> Yo callaré para que no conozcan
> mi dicha los que pasan por el llano,
> en el fulgor que da a mi frente tosca
> y en la tremulación que hay en mi mano...

---

1 *Alborada – Morgendämmerung*

2 El orden logico es: Levantaste la mirada porque oíste su canto.

An der Liebesverwandlung hat sie trotzdem ihren Geschmack gefunden. So die Aufforderung:

Es noche y baja a la hierba el rocío;
mírame largo y habla con ternura,
¡que ya mañana al descender al río
la que besaste llevará hermosura!

— Está bien, pero no es una maravilla.
— Sí, ya se lo dije. Ich denke fast, daß sie mit dem Nobelpreis überschätzt wurde. Pero no se lo diga Usted a nadie.
— Nein, ich werde es für mich behalten.

Mis fuentes:

Neruda, Pablo: *Obras completas*. Tomos I y II. Barcelona 1999
Neruda, Pablo: *Spanien im Herzen*. Insel, Leipzig 1974.
Mistral, Gabriela: *Antología poética*. Ed., introd. y notas de Hugo Montes Brunet. Castalia, Madrid 1997.

XVII.
Miguel Hernández
1910–1942

Ach viel zu früh!

— ¿Le suena a Usted Miguel Hernández?
— ¿Cómo no me había de sonar? Lo cita Usted tantas veces en sus *Besserwisser*... Y yo hasta me he aprendido de memoria aquella estrofa que Usted comenta no sé dónde:[1]

Una querencia tengo por tu acento,
una apetencia por tu compañía
y una dolencia de melancolía
por la ausencia del aire de tu viento.[2]

— Sí, y es curioso que, en todos los libros que he leído sobre Miguel Hernández, a nadie parecen llamarle la atención estos versos que a mí me entusiasman. Woran wird es wohl liegen? Wie dem auch sei, esa estrofa la cito y recito yo mil veces. Y otras mil veces la repito para mis adentros cuando voy paseando por el bosque, cuando me pierdo en la jungla urbana, cuando voy solo en el autobús y en el tranvía y sobre todo en el tren, cuando quiero decirle a mi mujer, aus der Entfernung, wie sehr ich sie liebe und wie sie mir abgeht, wenn sie nicht bei mir ist. Y cada vez me sabe a gloria esa secuencia rítmica de *querencia*, *apetencia*, *dolencia* y *ausencia*. *Querencia* viene de querer y significa *Neigung*, *Sehnsucht*. *Apetencia* viene de apetecer, begehren. *Dolencia*, de dolor, Schmerz. Also *Krankheit*, *Leiden*. La *querencia* es un deseo primitivo, animal, de algo o de alguien. La *apetencia* ist eine Steigerung de la querencia. La *dolencia* es la dolencia de amor aquella de la que Juan de la Cruz escribe que «no se cura sino por la presencia y la figura».[3]
— Y *ausencia* es *Abwesenheit*.
— Sí; pero la palabra ausencia es fonéticamente mucho más bella que Abwesenheit. Ausencia es el correlato[4] de presencia, que es también una palabra mucho más intensa que Anwesenheit y que Gegenwart.

1 En las páginas 9-10 y 25 de *Besserwisser* II
2 Esta es la cuarteta inicial del soneto 12 del libro *El rayo que no cesa*. (Hernández, Miguel: *Obra completa*. Espasa – Calpe. Madrid 1992, p. 499).
3 En el capítulo VI de este mismo libro hablo de este poema y en la página 60 hablo de este verso.
4 *Correlato – Pendant*

— Zugegensein.
— Ja, aber in einem Gedicht wäre *Zugegensein* ein Ungetüm.
— Sí, puede ser.
— Eso por un lado: la querencia, la apetencia, la dolencia y la ausencia. Y por otro lado el *acento*, also der Klang der Stimme, la *compañía*, la *melancolía* y el *aire de tu viento*.
— ¿Qué es eso de el aire de tu viento? Die Luft deines Windes?
— Unsinn! Nicht die Luft deines Windes! Es el aire de tu viento halt! Versuchen Sie nicht, ganz genau zu unterscheiden zwischen aire und viento, denn auf dem Weg der Analyse kommen wir in diesem Fall nicht sehr weit. Ich sehe *el aire de tu viento* einfach als eine musikalische Wiederholung oder Variation an. Gemeint ist meines Erachtens die Aura, die Ausstrahlung, die Witterung, sogar der Geruch der geliebten Person. Y me lo confirma aquel otro verso que dice:

Los olores persigo de tu viento.[1]

Also zurück zu *el aire de tu viento*! Ein genialer, unsinniger Einfall des Dichters. Mir fällt keine unsinnig geniale Übersetzung ein. Ich lasse es also vorerst sein. Vielleicht haben Sie einen Einfall.
— Ich melde mich, wenn mich ein genialer Hauch berührt. Ya le avisaré si me toca el aire del viento de la inspiración.
— Muy bien. Ya veo que Usted aprende rápido. Yo diría que Usted las caza al vuelo.
— ¿Y eso qué es?
— Daß sie ein sehr guter Jäger sind, denn Sie erwischen die Beute in der Luft, *al vuelo*. Sie warten nicht, bis die Beute, ein Vogel oder von mir aus eine Fliege, sich setzt.
— Das war also ein Lob?
— Sozusagen.
— Vielen Dank!
— Gern geschehen. Und jetzt weiter. Esta cuarteta de Miguel Hernández es parte de un soneto de su libro *El rayo que no cesa*; y esa cuarteta ella sola bastaría para situar a su autor entre los grandes poetas españoles. Pero no lo toquemos ya más. Permítame nada más que le diga que estos versos de Miguel Hernández son reales, de carne y hueso.
— ¿Y eso qué quiere decir?

---

1 Este verso es el primero del segundo terceto de un soneto que comienza: *Mis ojos, sin tus ojos, no son ojos...* Este soneto pertenece a un grupo de sonetos titulado *Imagen de tu huella*. Yo lo tomo de *Obra completa*, p. 489. (Von jetzt ab zitiere ich die *Obra completa* als OBR. C.)

— Pues que Miguel Hernández los compuso pensando en una mujer de carne y hueso, con nombre y apellido: Josefina Manresa.
— Todos los poemas de amor van dirigidos a una mujer o a un hombre de carne y hueso...
— ¡Ni mucho menos! Muchos de los poemas de amor no son más que juegos galantes.
— Sí, ya lo comentamos hablando de los poetas barrocos, en concreto hablando de Quevedo.
— Sí, eso es. Pero nada más lejos de la poesía amorosa de Miguel Hernández que el juego galante. Yo diría que Miguel Hernández en cada poema de amor pone toda el alma. Su poesía amorosa es de una emotividad desmesurada. Maßlos ist seine Liebesdichtung. Maßlos sind seine Liebesäußerungen in der berühmten Canción del esposo soldado[1] mit dem noch berühmteren Anfang, wo er gleich in die vollen geht:

He poblado tu vientre de amor y sementera,
he prolongado el eco de sangre a que respondo,
y espero sobre el surco como el arado espera:
he llegado hasta el fondo.

— Moment mal!
— Ja, bevor ich Ihnen alles Wort für Wort erklären muß, lassen Sie mich Ihnen eine Übersetzung vortragen, die mir heute im Wald eingefallen ist. Vorläufig, versteht sich. Dabei bin ich drauf gestoßen, daß die deutsche Sprache für den *Samen* nur dieses eine Wort hat, Samen nämlich, während Spanisch zwischen *el semen* für den männlichen Samen und *la semilla* o incluso *la simiente* für den pflanzlichen Samen unterscheidet. Aber hören Sie mal zu:

Mit Liebe und Saat habe ich deinen Schoß belebt,
fortgepflanzt das Echo des Blutes, das in mir widerhallt,
und nun warte ich in der Furche, wie der Pflug wartet:
ich bin bis auf den Grund vorgestoßen.

— Starke, primitive, ja archaische Bilder.
— Ja, wenn es nicht zu frivol klänge, würde ich Miguel Hernández als Naturburschen bezeichnen. La mayor parte de su infancia y su juventud, la vivió en contacto inmediato con la tierra, pastoreando y ordeñando[2] las cabras de sus padres. Quizás sepa Usted que en la escuela no estuvo más que cuatro años y medio, de los diez a los catorce años.

1 Este poema, como luego veremos, se publicó en 1937 en el libro *Vientos del Pueblo*. (OBR. C. p. 661)
2 *Ordeñar – melken*

— No, ese detalle no lo conocía, pero he oído llamarle el «cabrero pastor» o el «pastor poeta».

— Na ja, als Werbespot nicht schlecht; wenn damit aber angedeutet werden soll, daß er ein ungeschickter oder gar ein primitiver Dichter war, dann ohne mich. Er war zwar ein Autodidakt, pero ya con su primer libro, *Perito en lunas*, publicado en 1933, o sea cuando tenía 22 años, alcanzó un alto nivel poético, obwohl er in diesem Buch sich alles in allem an dem verschrobenen Góngora[1] orientiert. Y ese nivel se fue perfeccionando hasta su temprana muerte. De hecho es uno de los grandes profesionales de la poesía. Produjo obras que pertenecen a la crema de la poesía española de todos los tiempos.

— ¿Por ejemplo?

— Por ejemplo la *Elegía*,[2] que escribió a finales de 1935, con ocasión de la muerte de su amigo Ramón Sijé. Diese *Elegía* ist aus der spanischen Dichtung nicht mehr wegzudenken. Ansteckend bis erschütternd die Gefühle, brillant die Bilder, kraftvoll die Sprache, perfekt die Form. Entfesselte Zuneigung, entfesselte Trauer, entfesselte Sprache. Amor y dolor sin medida, dolor y amor sin pudor.[3] Voy a leerle algunos fragmentos:

Comienza con una breve introducción en prosa: «En Orihuela, su pueblo y el mío, se me ha muerto como del rayo mi amigo Ramón Sijé, con quien tanto quería.»

— ¿Orihuela?

— Una ciudad pequeña o un pueblo grande de Alicante. Allí nació en 1910 y allí vivió hasta 1934.

— ¿Y Ramón Sijé?

— Ein Freund aus Orihuela, mit dem ihn viel verband, aber von dem ihn immer mehr trennte. Völlig unerwartet starb Ramón Sijé mit 22 Jahren im Dezember 1935, als diese Freundschaft sich auf ihrem tiefsten Punkt befand. Vom Tod des Freundes erfuhr Miguel spät und auf Umwege. Seine Trauer darüber war maßlos. Su único consuelo es un consuelo que no lo es: cultivar, llorando, la tierra donde reposa su amigo:

> Yo quiero ser llorando el hortelano[4]
> de la tierra que ocupas y estercolas,
> compañero del alma, tan temprano.

1 Was ich damit meine, pueden verlo en el capítulo VII.

2 Es el poema anteúltimo del libro *El rayo que no cesa*. (OBR. C. p. 509)

3 *Pudor – Schamgefühl*

4 *Hortelano* es el *Gärtner* de un huerto o de una *huerta*, eines *Nutzgartens*. El Gärtner de un Blumengarten es un jardinero.

— ¿Estercolas?
— *Estercolar* viene de *estiércol, Mist*, y significa *düngen mit Mist*. Düngen im allgemeinen es *abonar*.
— Ganz schön gewagt dieses Bild!
— Sí, su dolor le hace perder el sentido del «buen gusto» hasta el grado de comparar el cuerpo enterrado de su amigo con el estiércol. Pero escuche cómo he traducido yo estos tres primeros versos. Ich konnte halt der Versuchung nicht widerstehen:

Unter Tränen, der Gärtner möchte ich sein
dieser Erde, mein Freund, mein Herzensfreund,
die du bewohnst und düngst, ach viel zu früh!

— Gefällt mir.
— Mir auch. Wissen Sie, wann ich diese Übersetzung gemacht habe? Auf der Intensivstation nach einem Herzinfarkt.
— Was Sie nicht sagen...
— Ja, meine Emotionen waren nackt und meine Sinne sehr wach. Der Tod war nichts Abstraktes mehr. Ich verstand sehr gut, ich empfand beinahe unmittelbar, was Miguel Hernández meint, wenn er schreibt:

Un manotazo[1] duro, un golpe helado,
un hachazo[2] invisible y homicida,
un empujón[3] brutal te ha derribado.

Der Tod: ein harter Hieb, ein eisiger Schlag, ein unsichtbarer, mörderischer Axthieb, ein brutaler Stoß... Und viel zu früh dazu:

Temprano levantó la muerte el vuelo,[4]
temprano madrugó la madrugada,[5]
temprano estás rodando por el suelo.[6]

---

1 *Manotazo* es un *golpe fuerte con la mano*. Los sentidos de la terminación *-azo* los explico en el capítulo XIII de mis *Besserwisser* V.

2 *Hachazo* es un *golpe con el hacha*, mit der Axt.

3 *Empujón* es un *heftiger Stoß. Empujar* es *stoßen*. En el mismo capítulo de mis *Besserwisser* V explico también los sentidos de la terminación *-ón*.

4 *Temprano levantó la muerte el vuelo*: In diesem Bild ist der Tod ein Greifvogel, der – zu früh! – abhebt, um sich über seine Beute herzumachen.

5 *Temprano madrugó la madrugada:* Die Eile des Todes wird dreifach betont und beteuert: *temprano (früh) madrugó (stand früh auf) la madrugada (der Tagesanbruch)*.

6 *Temprano estás rodando por el suelo*: So heftig war der Stoß, der Hieb, der Schlag, daß der Gestürzte immer noch am Boden «rollt».

— Das Bild kann ich nachempfinden.
— No hay consuelo posible. Miguel Hernández no comprende ni quiere comprender. Und verzeihen schon gar nicht:

No perdono a la muerte enamorada,
no perdono a la vida desatenta,
no perdono a la tierra ni a la nada.

Er verzeiht *dem Tod* nicht, sich in seinen Freund *verliebt* zu haben (*la muerte enamorada*). Er verzeiht *dem Leben* nicht, *nicht aufgepaßt* zu haben (la vida desatenta). Er verzeiht der Erde nicht, und dem Nichts auch nicht. Es un dolor sin compromisos. No espera ni desea consuelo. Su dolor es tan intenso que quisiera destruirlo todo:

En mis manos levanto una tormenta
de piedras, rayos y hachas estridentes,
sedienta de catástrofes y hambrienta.

Er möchte ein *Gewitter aus Steinen, Blitzen und schrillen Äxten* entfesseln. Está sediento y hambriento de catástrofes. Ihn dürstet und hungert nach Zerstörung. Ebrio[1] de dolor, Miguel Hernández se entrega a la fantasía de desenterrar el cadáver de su amigo y *regresarlo* a besos. Su único consuelo sería resucitar a su amigo:

Quiero minar la tierra hasta encontrarte
y besarte la noble calavera
y desamordazarte y regresarte.

— Einiges verstehe ich nicht: *minar*, *calavera*, *desamordazar*...
— *Minar* es *graben*, *untergraben*. *Calavera* es *Totenschädel*. Küssen möchte er den *edlen Schädel* seines toten Freundes. *Desamordazar* viene de *mordaza*, *Knebel*. Der Dichter möchte seinem toten Freund den Knebel abnehmen. *Regresarte* significa aquí *devolverte* a la vida. Este sentido transitivo es poco usual, ya que regresar normalmente equivale a volver, intransitivo.
— Sí, bien.
— Y sigue. Agotado, Miguel Hernández se recrea fantaseando un nuevo encuentro con su amigo a quien *requiere* para la próxima primavera. Y surge así una estrofa bellísima, una de las joyas más valiosas de la poesía española:

---

1 *Ebrio – trunken, betrunken*

A las aladas almas de las rosas
del almendro de nata te requiero,
que tenemos que hablar de muchas cosas,
compañero del alma, compañero.

— Ich glaube, ich brauche Ihre Hilfe.

— Gern. Der Reihe nach:

Aladas almas: Die Blütenblätter sind hier *almas aladas, geflügelte Seelen.*

Las rosas del almendro de nata: Die Mandelblüten werden hier als *rosas* bezeichnet.

El almendro de nata: der sahneweiße Mandelbaum. Sprichwörtlich weiß ist die Mandelblüte.

— Ich habe davon gehört, aber erlebt habe ich sie noch nie.

— Dann sollten Sie es schleunigst nachholen. Also, die Mandelblüte steht hier für den Einbruch des nächsten Frühlings, da die Mandelbäume als erste blühen.

— ¿Y *te requiero*?

— *Requerir* es *auffordern*, ersuchen. Der Dichter fordert seinen toten Freund dazu auf, zur nächsten Mandelblüte zurückzukommen, *denn wir haben so viel zu bereden, mein Freund, mein Herzensfreund...*

— Schön gesagt! Wie gerne würde auch ich mich mit manchem toten *Herzensfreund* für den nächsten Frühling verabreden, wenn *die geflügelten Seelen der sahneweißen Mandelblüten* zurückkehren, denn auch ich hätte mit ihnen so viel zu bereden...

— Ja, ich auch.

— Miguel Hernández muß ein sehr emotionaler Mensch gewesen sein.

— Sí, y él lo sabía. Y sufría por serlo. En un poema, que titula *Me sobra el corazón*,[1] escribe:

Ayer, mañana, hoy
padeciendo por todo
mi corazón, pecera melancólica,
penal de ruiseñores moribundos.

Me sobra corazón.

Ein Herz, das über alles leidet: *padeciendo por todo.* Sehr ernst. Aber auch ironisch: ein Herz als melancholisches Aquarium: *pecera melancólica..* Und dann unendlich traurig: *Zuchthaus voller sterbender Nachtigallen*: *penal de ruiseñores moribundos.* Kein Wunder der Schluß: *Me sobra corazón*: *Ich habe zu viel Herz...*

---

1 Es un poema suelto no publicado en vida del poeta. (OBR. C. p. 532)

— Der Titel ist aber radikaler: Me sobra *el* corazón: Ich habe ein Herz zuviel. Ich habe mein Herz satt. Ich bin mir meines Herzens überdrüssig... Este hombre era un volcán...
— Sí, era un volcán. Un volcán que se apagó temprano. *Temprano levantó la muerte el vuelo* para llevárselo. 32 años contaba Miguel Hernández cuando *la muerte se enamoró* de él. En aquellos años la muerte en España tenía prisa y *madrugaba* mucho. Entre 1936 y 1939 la muerte en España había celebrado auténticas orgías. A Miguel Hernández, perdedor de la guerra y enfermo, el *manotazo duro*, el *golpe helado*, el *hachazo invisible y homicida*, el *empujón brutal* le *derribó* en la cárcel de Alicante el 28 de Marzo de 1942 a las cinco y media.
— ¿De la *madrugada*?
— Sí, de la madrugada. Y no hubo nadie que le escribiera una elegía.
— ¿Y por qué murió en la cárcel?
— Le encarcelaron al terminar la guerra, en 1939, e incluso le condenaron a muerte. Luego le conmutaron la pena de muerte por 30 años de cárcel. Pero no llegó a cumplirlos. Como le dije, murió en la cárcel, tuberculoso, en 1942, un 28 de marzo. Ese mismo día mi padre cumplía 41 años y yo tenía dos años escasos...
— Poco después de florecer *los almendros de nata*...
— Sí, supongo.
— ¿Y qué había hecho para que le condenaran a muerte?
— Había luchado en el ejército republicano, o sea con «los rojos», como se decía y se sigue diciendo aun hoy.
— Bien, muchos lucharon contra Franco en favor de la República y no por eso les condenaron a todos a muerte.
— Es que él, del lado republicano, se había distinguido por sus arengas[1] y sus artículos y sus poemas. Parece ser que lo que más a mal le tomaron los vencedores fue su famoso libro *Viento del Pueblo*, escrito y publicado en 1937, o sea en plena guerra. El libro toma el nombre de uno de sus poemas más citados, aun hoy en día. Comienza así:

Vientos del pueblo me llevan,
vientos del pueblo me arrastran...[2]

— Von welchem Volk redet er da?
— Del pueblo español. Vom einfachen Volk auf jeden Fall, sobre todo de los campesinos y de los obreros. Ya sabe usted que la palabra pueblo no equivale del todo a la palabra Volk.

---

1 *Arenga* ist eine Rede, in der zum Kampf aufgefordert wird. Eine Kampfrede?
2 OBR. C. p. 557

— Sí, ya sé. Und verherrlicht er dieses Volk nicht?
— Ehrlich gesagt schon, aber nicht wie jemand, der nicht zu diesem Volk gehört, denn er war einer von unten.
— Und den Krieg, verherrlicht er den Krieg in diesem Buch?
— Verherrlichen würde ich nicht sagen. Escribe, sí, con entusiasmo sobre la lucha, que es la suya propia y que él vive como lucha del pueblo contra los invasores...
— ¿Qué invasores?
— Miguel Hernández se refiere a las tropas que mandaron Hitler y Mussolini en apoyo de Franco, y a las tropas moras que se trajo Franco de Africa. Participar en esta guerra es para él participar en una guerra defensiva en favor del pueblo:

> Cantando me defiendo
> y defiendo mi pueblo cuando en mi pueblo imprimen
> su herradura de pólvora y estruendo
> los bárbaros del crimen.[1]

— Hilfe!
— Ich komme! *Herradura* es *Hufeisen. Imprimen su herradura... Sie drücken ihr Hufeisen.* Ein heftiges Bild: Ein Pferd zertrampelt das Volk.
— ¿Y la *herradura de pólvora y estruendo*?:
— Die Artillerie und die Luftwaffe. Es ist bekannt, daß vor allem Hitler im spanischen Bürgerkrieg seine Waffen, vor allem seine Luftwaffe, ausprobierte. Zugunsten Francos. Gegen das spanische Volk.
— Eine heftige Sprache. Sie erinnert mich an die heftige bildnerische Sprache Picassos in seinem Bild *Guernica*.
— Sí, Miguel Hernández escribe con el mismo ardor con que luchó, porque él, a diferencia de otros poetas, no se limitó a cantar. Con muy mala leche comentó más tarde nada menos que Juan Ramón Jiménez, el patriarca de los poetas de entonces:

...pero los poetas no tenían convencimiento de lo que decían. Eran señoritos, imitadores de guerrilleros, y paseaban sus rifles y sus pistolas de juguete por Madrid. El único poeta, joven entonces, que peleó y escribió en el campo y en la cárcel fue Miguel Hernández...»[2]

Pero no es un hombre belicoso, no glorifica la guerra. Sobre la guerra como tal escribe poemas desgarradores. Dentro de un libro tan militante como *Viento del pueblo* encontramos el siguiente poema, escrito por tanto en plena guerra:

---

1 Del poema *Recoged esta voz*, del libro *Viento del Pueblo*. (OBR. C. p. 576)
2 Citado por Antonio Sánchez Vidal en la introducción a la *Obra Completa* (OBR. C.p.89)

La guerra, madre, la guerra.
Mi casa sola y sin nadie.
Mi almohada sin aliento.[1]
La guerra, madre, la guerra.
La vida, madre: la vida,
La vida para matarse.
Mi corazón sin compaña.[2]
La guerra, madre: la guerra.[3]

— Desgarrador. Me recuerda aquel poema de Góngora donde una recién casada se lamenta de su soledad porque su marido se va a la guerra:

después que en mi lecho
sobra la mitad.
Dejadme llorar
orillas del mar.[4]

— Sí. Y más desgarradores aún son los siguientes versos, que forman parte del poema *Llamo a la juventud*, integrante del libro *Viento del pueblo*:

Pero en los negros rincones,
en los más negros, se tienden
a llorar por los caídos
madres que les dieron leche,
hermanas que los lavaron,
novias que han sido de nieve
y que se han vuelto de luto
y que se han vuelto de fiebre...[5]

Also nicht den Kampf oder den Krieg als solchen; diesen konkreten Kampf besingt er und seine «Helden». Und dabei schreibt er manchmal Verse, die einer Verherrlichung dieser Helden und einer Verteufelung der Gegner sehr nah kommen.
— Ist das legitim?
— Die Frage ist mir viel zu abstrakt und viel zu bequem.
— Wieso?

---

1 *Mi almohada sin aliento: Meinem Kopfkissen* zu Hause bei meiner Frau *fehlt mein Atem*... (Oh, die Wärme eines geteilten und die Kälte eines zu groß gewordenen Bettes!)
2 *Compaña – compañía*
3 El poema *La guerra, madre* se publicó en febrero de 1939 en Valencia dentro de una *Colección de canciones de lucha* de diversos autores. (OBR. C. p. 640)
4 En la página 80 de este mismo libro.
5 OBR. C. p. 573

— Aus dieser Entfernung, aus dieser zeitlichen, örtlichen, kulturellen und emotionalen Entfernung...
— Dürfen wir uns also darüber kein Urteil bilden?
— Vielleicht dürfen wir, aber in Fällen wie diesem maße ich mir kein Urteil an.
— Ein ästhetisches Urteil wohl...
— Ja schon, aber kein moralisches. Und selbst ein ästhetisches nicht, denn die Ästhetik dieser Kriegsdichtung darf nicht außerhalb des Kriegsrahmens beurteilt werden. Eine ganz andere Frage ist, ob diese Kriegsdichtung oder Agitationsdichtung einen bleibenden Wert hat. Mucho de lo que Miguel Hernández escribió durante la guerra es lo que algunos, con un poco o un mucho de arrogancia, llaman «poesía circunstancial». Pues bien, incluso en ese marco de guerra y de agitación política o meinetwegen de poesía circunstancial escribió algunos poemas fantásticos, von absolut bleibendem Wert.
— ¿Por ejemplo?
— Por ejemplo la *Canción del esposo soldado*, que ya he citado antes y de la que seguiremos luego hablando, y el poema increíblemente bello titulado *El niño yuntero*, sin olvidar algunas estrofas de *Aceituneros*. Quizás conozca Usted la versión del *niño yuntero* cantada por Joan Manuel Serrat.
— No.
— Pues vale la pena.
— ¿Qué es el niño yuntero?
— El niño yuntero es el niño que va llevando el arado detrás de la yunta. Der Junge, der den Pflug führt.
— ¿La yunta?
— La yunta ist das Gespann, das Ochsen- oder Maultiergespann.
— Das gibt es nicht mehr, weder ein Gespann noch einen kleinen Jungen am Pflug.
— Bei uns nicht, nein. Aber die Welt endet nicht bei uns.
— Danke für die Belehrung! Machen Sie weiter!
— El comienzo es muy famoso, volle Pulle como siempre en Miguel Hernández:

Carne de yugo, ha nacido
más humillado que bello,
con el cuello perseguido
por el yugo para el cuello.

Estas imágenes recias, primitivas, casi brutales que ya conocemos en Miguel Hernández: *carne de yugo*, *Jochfleisch*, *Jochfutter*. *Carne de yugo* orientiert sich nämlich am Ausdruck *carne de cañón, Kanonenfutter*. Dieser Junge hinter dem Gespann, dieses Jochfutter hat schon bei der Geburt kaum noch die Schönheit eines Neugeborenen gehabt, *ha nacido más humillado que bello; eher erniedrigt als schön ist er geboren.* Und so geht es weiter, mit knappen Versen und ungemein starken Bildern. Aber das Gedicht ist sehr lang. Sie können es selber nachlesen.[1] Trotzdem lese ich Ihnen das Ende vor, unter anderem deswegen, weil die zwei letzten Strophen beweisen, daß es möglich ist, «Agitationslyrik» von bleibendem Wert zu schreiben. Sigue hablando del niño:

Cada nuevo día es
más raíz, menos criatura,
que escucha bajo sus pies
la voz de la sepultura.

Wieder starke Bilder: Der kleine Junge *wird jeden Tag mehr zur Wurzel*, er ist *immer weniger criatura.*

— ¿Criatura?

— *Criatura* ist sowohl Geschöpf als auch Mensch als auch Kind. Y sigue cuatro estrofas más adelante:

¿Quién salvará a este chiquillo
menor que un grano de avena?
¿De dónde saldrá el martillo
verdugo de esta cadena?

Der Junge lebt – bildlich – angekettet. Daher die Frage: *Woher wird der Hammer kommen, der diese Kette zerschlägt*?

— Und diesen Hammer bezeichnet der Dichter hier als *Henker dieser Kette...*

— So is es. Und er selbst beantwortet die Frage, wo der Hammer herkommen soll:

Que salga del corazón
de los hombres jornaleros,
que antes de ser hombres son
y han sido niños yunteros.

Die Rettung dieser Kinder erwartet er also von den *Tagelöhnern,* selber mal *niños yunteros...*

1 *El niño yuntero* pertenece al *libro Viento del Pueblo.* (OBR. C. p. 560). Con su respectiva traducción pueden leerlo en las páginas 216-221 de: *Spanische Lyrik des 20. Jahrhunderts.*

— Dieses Ende ist also eine Aufforderung an die *hombres jornaleros*, sich am Kampf zur Befreiung der *niños yunteros* zu beteiligen...
— Sí, es una arenga. Y una arenga es en el fondo también aquel poema de los *Aceituneros*...
— ¿El que canta Paco Ibáñez?
— ¿Lo conoce Usted?
— Hombre, ¿cómo no?
— Una maravilla, ¿verdad?
— Sí, es zuckt immer noch etwas in meinem Bauch zusammen, wenn ich den Paco Ibáñez mit seiner rauchig gebrochenen Stimme die drei ersten Strophen singen höre:[1]

Andaluces de Jaén,
aceituneros altivos,
decidme en el alma:[2] ¿quién,
quién levantó los olivos?

No los levantó la nada,
ni el dinero, ni el señor,
sino la tierra callada,
el trabajo y el sudor.

Unidos al agua pura
y a los planetas unidos,
los tres dieron la hermosura
de los troncos retorcidos.

— Versos perfectos, transparentes, sobrios y a la vez vibrantes. Versos de agitación política que quedarán en la historia de la poesía por su belleza, por su perfecta armonía entre forma y contenido. Por cierto, Usted ha visto olivos, ¿no?
— Hombre, claro.
— Se lo pregunto porque yo tardé mucho en ver un olivo. Yo me crié en el norte de Castilla y en el País Vasco, y allí no hay olivos. Los vi por primera vez cuando, ya pasados los veinte años, fui por primera vez a Andalucía. Y precisamente al pasar por Jaén vi aquellos olivares y me conmovió la belleza *de los troncos retorcidos.*
— Übrigens, ¿cómo traduciría Usted una cosa aparentemente tan sencilla como eso de *de los troncos retorcidos*?
— Pues *en el alma*, es decir sinceramente, le diré que esa pregunta me

1 *Aceituneros* ist auch Teil des Buches *Viento del Pueblo*. (OBR. C. p. 585)
2 *En el alma – sinceramente*

la he hecho más de una vez, sin llegar a un resultado satisfactorio.
— Knorrige Stämme?
— Ne, knorrig ist der Stamm der Eiche. Pero no retorcido.
— Gewundene Stämme?
— Zu harmlos für jene dunklen, verdorrten, ja gequälten Stämme; altes, verdorrtes, gequältes, verdrehtes Holz, aus dem überraschend, schüchtern, selbst überrascht grüne Zweige sprießen...
— *Verdreht, gekrümmt, gezwirnt* bietet mein Lexikon an.
— Na ja, *troncos retorcidos* halt! No lo toquemos ya más. Also, auf die drei meisterhaften Strophen folgen fünf weitere, wesentlich schwächere, und dann geht es wieder los, agitatorisch zwar, aber in höchster poetischer Qualität:

¡Cuántos siglos de aceituna,
los pies y las manos presos,
sol a sol y luna a luna,
pesan sobre vuestros huesos!

Andaluces de Jaén,
aceituneros altivos,
pregunta mi alma: ¿de quién,
de quién son estos olivos?

Und dann die offene Aufforderung zum Kampf:

Jaén, levántate brava
sobre tus piedras lunares,
no vayas a ser esclava
con todos tus olivares.

Diese Aufforderung hat einen ganz konkreten Hintergrund. Miguel Hernández hielt sich im Februar – März 1937 als Kriegspropagandist in Jaén auf. Da Jaén weit weg von der Front lag, zeigten die Leute dort anscheinend keine Kriegsbegeisterung. Dieses Gedicht ist also ein Versuch, die andaluces de Jaén, die aceituneros altivos, die stolzen Olivenbauer aufzurütteln.
— Und hat er sie aufgerüttelt?
— Das weiß ich nicht. Er war auf jeden Fall völlig von der Notwendigkeit überzeugt, auf der Seite der Republik, also auf der des Volkes, zu kämpfen. Und das bringt uns wieder zu der Frage zurück, ob Miguel Hernández diesen Krieg verherrlicht. Wenn von verherrlichen die Rede sein darf, dann in dem Sinne, daß er vom Sieg überzeugt ist und die Zukunft nach dem Krieg wortwörtlich verklärt. So schreibt er von den Soldaten der Republik:

Ellos harán de cada ruina un prado,
de cada pena un fruto de alegría,
de España un firmamento de hermosura.[1]

— Es mag ein Traum gewesen sein, aber ein schöner Traum, und noch dazu sehr schön gesagt.

— Ja, ohne Zweifel. Sein Ziel in diesem Kampf ist ganz eindeutig ein neues Spanien, ein sozial gerechtes Spanien. Und das, was bei Ihnen und bei mir nach einer Floskel klingen mag, ist bei ihm bitterster Ernst, denn er hatte die soziale Ungerechtigkeit und deren Folgen voll zu spüren bekommen. Seine Vorstellung eines neuen Spaniens, für das er kämpft, ist für ihn ganz konkret. Es geht für ihn zum Beispiel um die Zukunft seiner Kinder. Escuche lo que escribe a Josefina en febrero de 1937, poco antes de casarse con ella:

«Tienes que llegar a entender que con la guerra que nos han traído no defendemos más que el porvenir de los hijos que hemos de tener. Yo no quiero que esos hijos nuestros pasen las penalidades, las humillaciones y las privaciones que nosotros hemos pasado, y no sólamente nuestros hijos, sino todos los hijos del mundo que vengan.[2]»

So klingt es alles andere als nur poetisch oder gar deklamatorisch, wenn er wenig später in seiner *Canción del esposo soldado* an seine schwangere Frau schreibt:

Escríbeme a la lucha, siénteme en la trinchera:
aquí con el fusil tu nombre evoco y fijo,
y defiendo tu vientre de pobre que me espera,
y defiendo tu hijo.[3]

— ¡Qué maravilla!

...y defiendo tu vientre de pobre que me espera,
y defiendo tu hijo.

Me dan ganas de llorar.

— Pues llore Usted, que yo no se lo impido. Y más ganas de llorar le darán si piensa que Miguel apenas pudo gozar de aquel vientre de pobre que le esperaba, y que aquel hijo moriría a los diez meses de nacer, aquel hijo por cuyo futuro feliz él había luchado. Wenn Sie wollen, hatte er die Zukunft seines Sohnes und seine eigene verklärt. Cuando escribía estos

---

1 De la segunda parte del poema *Recoged esta voz*, del libro *Viento del Pueblo*. (OBR. C. p 578)

2 Carta del 18 de febrero de 1937, escrita desde Madrid (OBR. C. p. 2493)

3 De la *Canción del esposo soldado* (OBR. C. p. 602)

versos estaba convencido de que la victoria del pueblo no tardaría en llegar. Estaba convencido de que el hijo, que Josefina y él esperaban para Diciembre de 1937, nacería en plena victoria de la República. Y que él podría dejar la guerra y dedicarse a la paz:

Nacerá nuestro hijo con el puño cerrado,
envuelto en un clamor de victoria y guitarras,
y dejaré a tu puerta mi vida de soldado
sin colmillos ni garras.

Wenn also der Sohn mitten im Siegestaumel auf die Welt kommen wird, wird auch er sein Soldatenleben endgültig aufgeben. *An der Tür* seiner Frau, wird er *sein Soldatenleben ablegen*, um von da ab *ohne Reißzähne und ohne Krallen* zu leben...
— Er fühlte sich also im Krieg als Raubtier und träumte vom Frieden.
— Sí, el verso siguiente del mismo poema es una confesión estremecedora:

Es preciso matar para seguir viviendo.

— Teilen Sie diese Ansicht? Ist es wirklich notwendig zu töten, um weiter zu leben? Hace poco leí, no sé dónde, que «no hay ninguna causa por la que merezca la pena matar ni morir».
— Sí, de acuerdo, así en frío y en principio. Aber ich weiß nicht, ob ich nicht wie Miguel Hernández die Notwendigkeit des Tötens zum Überleben empfunden hätte, wenn ich in jener Situation gewesen wäre. *Es preciso matar para seguir viviendo...* Bei ihm war es keine Überzeugung im Sinne eines Prinzips. Wenn, dann war es eine Notansicht. Su sueño, su deseo entrañable es volver junto a su mujer, su Josefina. Escuche qué belleza, del mismo poema:

Un día iré a la sombra de tu pelo lejano.

La mujer: un arbol; su pelo: la copa del árbol; su sueño: descansar a su sombra.
— Kein schönerer Baum als der Körper der Frau, keine schönere Baumkrone als ihr Haar, kein schönerer Schatten als der Schatten der geliebten Frau...
— Genau. Aber diese Träume gingen nicht in Erfüllung. Es tut mir in der Seele weh, wenn ich sehe, was für eine Liebessehnsucht und was für eine Liebesfähigkeit in ihm steckte, und wie kurz seine Liebesmomente waren. Paréntesis muy breves. En su caso se cumple aquello que escribió su amigo Pablo Neruda: «Es tan corto el amor...»[1] O más exacto aún, lo

1 En la página 150 de este libro.

que escribe Góngora en aquel poema de la recién casada que hace un momento hemos recordado:

...tan corto el placer,
tan largo el pesar...[1]

El amor es una herida, al igual que la muerte y la misma vida. Escuche estas variaciones magistrales:

Llegó con tres heridas,
la del amor,
la de la muerte,
la de la vida.

Con tres heridas viene,
la de la vida,
la del amor,
la de la muerte.

Con tres heridas yo,
la de la vida,
la de la muerte,
la del amor.[2]

Su primer hijo *llegó* con tres heridas. Su segundo hijo, que está en camino, *viene* con tres heridas. Y él...

— Una visión muy trágica la suya, ¿no le parece?

— O una vida muy trágica la suya, ¿no le parece? Un hombre hecho como él para el amor...

— Todos estamos hechos para el amor...

— Sí, pero unos más que otros. Escuche cómo habla del amor, del amor de carne y hueso, no del amor platónico. Escuche cómo habla del vientre de su Josefina:

Menos tu vientre
todo es confuso.

Menos tu vientre
todo es futuro
fugaz, pasado,
baldío,[3] turbio.

---

1 Lo tomo de: Luis de Góngora: *Poesía selecta*, p. 82. Esta estrofa no la cito en el capítulo sobre Góngora.

2 Del poema 25 de *Cancionero y romancero de ausencias*, 63. (OBR. C. p. 694)

3 *Baldío – yermo – unfruchtbar. Turbio – trübe. Postrero – ganz hinten in der Reihe. Confuso – unscharf, undeutlich, verwirrt. Fugaz – flüchtig*

Menos tu vientre
todo es oculto,
menos tu vientre
todo inseguro,
todo postrero,
polvo sin mundo.
Menos tu vientre
todo es oscuro,
menos tu vientre
claro y profundo.[1]

— Eros ist besser als sein Ruf!
— Genau! Wie gerne die Liebe, die körperliche, die erotische, die leibliche, die sexuelle Liebe als *dunkel, trüb, unsicher, unbeständig, flüchtig...* dargestellt, um nicht zu sagen diffamiert wird. Und da kommt Miguel Hernández, ein ungebildeter Hirtenjunge, ein Autodidakt, ein «Amateur» dahergelaufen und behauptet, alles *außer dem Schoß* seiner Geliebten sei *dunkel, trüb, unfruchtbar, unbeständig, unsicher, flüchtig...*
— Tja, so was kann nur ein *Amateur*, daß heißt ein *Liebhaber*, sagen...
— Gerne entgegne ich mit diesen Versen, wenn ein Sexpessimist seinen Sexpessimismus mit jenem lateinischen Spruch zu belegen versucht, der kategorisch behauptet, *post coitum animal triste*, nach dem «Beischlaf» (oh Gott, was für ein Wort!) werde jedes Tier (bekanntlich fällt auch der Mensch darunter!) traurig. Escuche cómo describe su primer acto de amor, su primer *choque* con Josefina:

Aún me estremece el choque primero de los dos;
cuando hicimos pedazos la luna a dentelladas,
impulsamos las sábanas a un abril de amapolas,
nos inspiraba el mar.[2]

— Es una descripción un tanto surrealista...
— Sí, es muß ein sehr heftiger *Zusammenstoß* gewesen sein: *Mit heftigen Bissen* (a dentelladas) *zertrümmerten sie den Mond* (hicimos pedazos la luna), und die *Leintücher* wurden *mohnblumenrot.*
— Ob dieser zertrümmerte Mond auf die Jungfräulichkeit und die mohnblumenroten Leintücher auf das Jungfrauenblut hindeuten?
— Mag schon sein. Und dann diese knappe Genialität: *Nos inspiraba el mar*. ¡Qué pena, realmente, que un hombre así pudiera gozar tan poco

1 Es el poema 63 de *Cancionero y romancero de ausencias*, 63. (OBR. C. p. 718)
2 Del poema *Orillas de tu vientre*, que es el 53 del *Cancionero y romancero de ausencias*. (OBR. C. p. 708)

del *vientre claro y profundo que le esperaba y que él pobló dos veces de amor y sementera*!
— ¿Cómo que dos veces?
— Sí, tuvieron dos hijos. El primero murió de diez meses. Se llamaba Miguel Ramón, Miguelico. Er brachte es nicht bis zur reifen Frucht, er starb *als Blume*:

Cuerpo del amanecer:
flor de la carne florida.
Siento que no quiso ser
más allá de flor tu vida.
Corazón que en el tamaño
de un día se abre y se cierra.
La flor nunca cumple un año,
y lo cumple bajo tierra.[1]

Miguelico, aquel *cuerpo del amanecer*, jener *Körper der Morgendämmerung*, aquella *flor de la carne florida*, jene *Blume des aufgeblühten Fleisches*, murió antes de cumplir un año. El año lo cumplió *bajo tierra*. Y dos meses y medio después de morir Miguelico nació el segundo hijo, Manuel Miguel, Manolico. Y a este segundo hijo le dedicó desde la cárcel las famosas *Nanas de la Cebolla*,[2] lo mejor de lo mejor que se ha escrito en castellano.
— ¿Qué son nanas?
— Canciones de cuna. Su mujer Josefina, que amamantaba a su hijo, le escribe a la cárcel en Madrid que ella anda tan mal de dinero que no come más que pan y cebolla. El le responde el 12 de Septiembre de 1939: «Estos días me los he pasado cavilando sobre tu situación, cada día más difícil. El olor de la cebolla que comes me llega hasta aquí, y mi niño se sentirá indignado de mamar y sacar zumo de cebolla en vez de leche. Para que lo consueles, te mando esas coplillas que le he hecho...»[3]
— Escuche qué ternura tan triste o qué tristeza tan tierna:

En la cuna del hambre
mi niño estaba,
con sangre de cebolla
se amamantaba.

---

1 Es el poema 16 del libro *Cancionero y romancero de ausencias*. (OBR. C. p. 691)
2 Es el poema 79 del libro *Cancionero y romancero de ausencias*. (OBR. C. p. 731)
3 OBR. C. p. 2566

Y escuche cómo describe a su mujer dando de mamar a su hijo:

Una mujer morena
resuelta en luna
se derrama hilo a hilo
sobre la cuna.

Su Josefina era *morena, dunkelhaarig. Resuelta en luna*: *in Mond aufgelöst*, zu Mond geschmolzen. Oft vergleicht er ohnehin die Brüste der Frau mit dem Mond. Noch dazu ist die Milch mondfarbig.
— Oder der Mond ist milchfarbig.
— Ja, oder so.
— Und diese Mond-Frau *vergießt sich in Fäden über die Wiege...*
— Ja. Aber vergessen Sie jede Übersetzung. Lassen Sie sich das Original auf der Zunge zergehen:[1]

Una mujer morena
resuelta en luna
se derrama hilo a hilo
sobre la cuna.

— ¿Escribió mucho Miguel Hernández?
— Sí, mucho.
— ¿Demasiado?
— Hombre, todo es relativo. Quizás sea casi inevitable escribir demasiado cuando uno se pone a escribir. Pero sí, para lo joven que murió, escribió muchísimo. Las obras completas que tengo yo y que llevan el título de *OBRA COMPLETA,* incluyen nada menos que 646 páginas de versos, sin contar los artículos, las obras de teatro y las cartas.
— ¿También escribió teatro?
— Sí, pero yo de eso no sé nada. Bastante tengo con sus poemas. Pero va siendo hora de que concluyamos. Y quisiera concluir dos veces: primero con un poema brevísimo escrito tras la muerte de su hijo. Tres versos tan tiernos como desgarradores:

Muerto mío.
Te has ido con el verano.
¿Sientes frío?[2]

Sin comentarios. Y ahora cuatro versos, que son el estribillo de un poema escrito en 1938, en plena guerra, acerca de las cartas en la guerra:

---

1 El poema completo con su correspondiente traducción pueden también leerlo en las páginas 222-229 de: *Spanische Lyirk des 20. Jahrhunderts.*

2 Es el poema 97 de *Cancionero y romancero de ausencias* (OBR. C. p. 738)

Aunque bajo la tierra
mi amante cuerpo esté,
escríbeme a la tierra,
que yo te escribiré.[1]

— Ein erschütternd rührender Unsinn:

Auch wenn unter der Erde
mein liebender Körper liegt,
schreibe mir an die Erde,
ich schreibe dir gewiß.

— Wieso Unsinn?
— Die alte Illusion, die Liebe sei stärker als der Tod.
— Eine Illusion von der Sorte des «polvo serán, mas polvo enamorado» de Quevedo.[2]
— Auch so ein rührender Unsinn!
— Auch so eine hochkarätige Poesie!
— Aber die Liebe ist doch nicht stärker als der Tod!
— Nein, leider nicht.

Mis fuentes:

Boscán de Lombardi, Lillia: *Huellas en el tiempo. La poesía de Miguel Hernández.* Editorial de la Universidad del Zulia. Maracaibo 1987
Gutiérrez Carbonell, Manuel: *Proceso y expediente contra Miguel Hernández.* Alicante 1992
Hernández, Miguel: *Obra completa.* Edición crítica de Agustín Sánchez-Vidal y José Carlos Rovira con la colaboración de Carmen Alemany. Espasa-Calpe. Madrid 1992
Hernández, Miguel: *Poemas sociales, de guerra y de muerte.* Introducción, selección y notas de Leopoldo de Luis. Alianza, Madrid ^{3}1979
Hernández, Miguel: *Obra poética completa.* Introducción, estudios y notas de Leopoldo de Luis y Jorge Urrutia. Alianza, Madrid ^{2}1984
Hernández, Miguel: *Antología poética. El labrador de más aire.* Edición de Carlos Rovira. Taurus, Madrid 1990
Hernández, Miguel: *El hombre y su poesía. Antología.* Edición de Juan Cano Ballesta. Cátedra, Madrid ^{12}1992
Engelbert, Manfred: *Miguel Hernández: Juramento de la Alegría.* In: *Die spanische Lyrik der Moderne.* Frankfurt Main 1990, S. 226-250
Miguel Hernández, Poeta. Catálogo de la exposición de homenaje. Alicante, marzo 1992.

1 Del poema *Carta* en el libro *El hombre acecha.* (OBR. C. p. 667)
2 Lo trato en este mismo libro en el capítulo IX sobre Quevedo, p. 90

XVIII.
Gabriel Celaya
1911–1991

Maldigo la poesía...

— Hoy le voy a hablar de un poeta que Usted seguro que no conoce.
— Unterschätzen Sie mich nicht!
— ¿Le suena a Usted Gabriel Celaya?
— Pues francamente no, no me suena.
— ¿Lo ve Usted? Pues bien, Gabriel Celaya es, o mejor dicho era, un hombre entrañable y un poeta igualmente entrañable. Y digo que era, porque murió en 1991. Pero, ¿sabe Usted lo que significa entrañable?
— Pues, francamente, no del todo.
— Entrañable viene de entrañas...
— Y *las entrañas* son *die Innereien, die Eingeweide*...
— Jawohl. *Un amigo entrañable* ist also ein *inniger Freund.* Genauer gesagt ein Leib- und Magenfreund. Wortwörtlich.
— Y un hombre entrañable, una persona entrañable, un poeta entrañable será, supongo, ein warmherziger Mann, ein warmherziger Dichter, eine warmherzige Person, oder?
— Ja, früher habe ich *entrañable* mit *rührend* übersetzt, que equivale exactamente a *conmovedor*, bis meine Frau mich darauf hingewiesen hat, daß *rührend* auch was Verniedlichendes bis leicht Geringschätziges hat.
— Entrañable ist ein schönes Wort. Könnte man auch *herzlich* sagen?
— Ja, auch. Für Celaya trifft es auf jeden Fall zu: Er war warmherzig, herzlich und auch rührend, mit einer guten Portion Hilflosigkeit. Jedenfalls starb er mit 80 Jahren ziemlich verarmt und weitgehend vergessen, obwohl er unter Franco die Gallionsfigur der «poesía social» gewesen war. Suyo es aquel famoso poema que en aquellos años negros del franquismo fue para muchos de nosotros programa, programa literario, programa político y programa humano. Ya el título es programático: *La poesía es un arma cargada de futuro.* Publicó este poema en 1955. El régimen de Franco se había estabilizado. Von Demokratie keine Spur. Fueron unos años muy negros. Y Celaya piensa que el poeta debe luchar, luchar por un futuro nuevo. *La poesía es un arma cargada de futuro.* En este poema vibra, verso tras verso, el coraje que surge de la desesperación:
— Der Mut der Verzweiflung?

— Ja, der Mut der Verzweiflung. Y así comienza:

Cuando ya nada se espera personalmente exaltante...
cuando se miran de frente
los vertiginosos ojos claros de la muerte,
se dicen las verdades:
las bárbaras, terribles, amorosas crueldades.

— Ich glaube, eine Übersetzung würde mir nicht schaden.
— Es gibt eine, erschienen im Buch *Spanische Lyrik des 20 Jahrhunderts.*[1] Sie geht einigermaßen. Aunque Celaya mismo era de la opinión de que la lírica es intraducible.
— ¿Y usted de qué opinión es?
— Yo opino que sí, que la lírica es intraducible, es decir imposible de traducir, pero que, como tantas cosas imposibles en este mundo imposible, no nos queda más remedio que intentarlas, por imposibles que sean. Así no queda a veces más remedio que intentar traducir la lírica. Escuche la traducción de este fragmento que acabo de leerle. La tomo del libro que acabo de citarle:

Wenn man für sich selber schon nichts Erregendes mehr erwartet...
Wenn man dem Tod in die schwindelerregenden,
hellen Augen schaut,
dann werden die Wahrheiten ausgesprochen,
die barbarischen, schrecklichen, zärtlichen
Grausamkeiten.

— Ganz schön heftig!
— Es waren auch heftige Zeiten.
— Haben Sie sie als so heftig empfunden?
— Nein, nicht im Jahre 1955, als dieses Gedicht erschien, denn ich war erst 15. Pero Celaya tenía 44 años cuando publicó este poema. Naturalmente yo no lo leí entonces. Y de haberlo leído no lo hubiera entendido. Lo leí diez años más tarde, y lo comprendí al momento. Y lo sentí como dicho por mí y para mí:

se dicen las verdades:
las bárbaras, terribles, amorosas crueldades.

Se dicen los poemas
que ensanchan los pulmones de cuantos, asfixiados,
piden ser, piden ritmo,
piden ley para aquello que sienten excesivo

---

1 *Spanische Lyrik des 20. Jahrhunderts.* Reclam. Stuttgart 1985, S. 243

Wir erstickten (*asfixiados*) in jener politischen religiösen, kulturellen Enge des National-Katholizismus, wir wollten schreien, auf daß unsere Lungen weit würden (*que ensanchan los pulmones*), wir wollten sein, wir wollten Rhythmus und Gesetz (*piden ser, piden ritmo, piden ley*), denn jene Übermacht der Willkür (*aquello que sienten excesivo*) hinderte uns am Leben. Und sie hinderte uns als erstes am Reden. Sie können sich sicher nicht vorstellen, wie wichtig in einer Diktatur das Wort wird, die Möglichkeit zu reden:

> ... porque apenas si nos dejan
> decir que somos quien somos...

Das Wort und, als Verdichtung des Wortes, *die Poesie wird so lebensnotwendig wie das Brot und die Luft*:

> Poesía para el pobre, poesía necesaria
> como el pan de cada día,
> como el aire que exigimos trece veces por minuto,
> para ser...

Aber nicht irgendwelche Poesie, auf jeden Fall nicht jene, die verharmlosende Poesie, *die die Neutralen als kulturellen Luxus pflegen*. Diese Art von Poesie wird von Celaya strikt abgelehnt, ja regelrecht *verflucht*. Und es entsteht eine leidenschaftliche Strophe, die Sie wahrscheinlich als völlig überzogen empfinden werden:

> Maldigo la poesía concebida como un lujo
> cultural por los neutrales
> que, lavándose las manos, se desentienden y evaden.[1]
> Maldigo la poesía de quien no toma partido hasta mancharse.

— Un lenguaje bien claro. Pero ¿es lenguaje poético? Si le quitamos el ritmo, queda poco de poesía.

— Depende de lo que entendamos por lenguaje poético. Eine poetische Sprache, wie Sie es jetzt meinen, wäre für den Celaya dieses Gedichtes eine Sünde:

> ...nuestros cantares no pueden ser sin pecado un adorno.
> Estamos tocando el fondo.

Wir fühlten uns in einer Grenzsituation, wir waren *auf den Grund gestoßen*, realmente estábamos *tocando el fondo*. Y por eso, en momentos de exaltación, no nos permitíamos, al igual que Celaya en este poema,

---

1 *Desentenderse – sich aus etwas raushalten.*
Evadirse – sich davonschleichen

otra poesia, otro cantar, que el cantar y la poesía de lucha. Y así se entiende que pensáramos que *nuestros cantares no podían ser sin pecado un adorno.* Die Dichtung als Zierde konnte nicht umhin, eine Sünde zu sein.

— Das erinnert mich an Bert Brecht:

> Was sind das für Zeiten
> wo ein Gespräch
> über Bäume fast
> ein Verbrechen ist...

— Ja, sehr ähnlich. Bloß, was bei Brecht wehmütige Feststellung, noch dazu durch ein *fast* gemildert, ist bei Celaya eine Kampfansage, ein Aktionsprogramm. Kategorischer geht es nicht:

> ...nuestros cantares *no pueden ser* sin pecado un adorno.

Dichtung darf nicht Zierde sein, Dichtung muß *Werkzeug* (*herramienta*) sein und *Waffe*:

> Tal es mi poesía: poesía-herramienta...
> tal es, arma cargada de futuro expansivo
> con que te apunto al pecho.

— Deutlicher und heftiger geht es kaum: Die Poesie ist also *eine Waffe, mit der ich auf deine Brust ziele.*

— Und daher die Absage an die Ästhetik:

> No es una poesía gota a gota pensada.
> No es un bello producto. No es un fruto perfecto.

Es entspricht einer anderen Ästhetik, der Ästhetik der Solidarität:

> ...Siento en mí a cuantos sufren...
> Son palabras que todos repetimos sintiendo
> como nuestras...

Und es bereitet ein anderes Vergnügen, denn diese Dichtung, diese Lieder befreien den Dichter, den Sänger:

> ... y canto respirando.
> Canto, y canto, y cantando más allá de mis penas
> Personales, me ensancho.

So erging es uns auch in jenen schwarzen Jahren. Wir sangen uns unsere Wut, unsere Hoffnung von der Seele, und beim Singen *wurden unsere verengten Lungen weiter.* Se nos *ensanchaban* los pulmones y el corazón. Cantar era protestar y actuar contra aquéllos que *apenas si nos*

dejaban decir que éramos quienes éramos, contra aquéllos que nos quitaban hasta la palabra y el nombre.
— Und man durfte so was singen?
— Nicht öffentlich. Aber wir sangen. *Wir sangen und sangen*, am liebsten auf einer Bergwanderung. Und *in der Gemeinschaft der Leidenden* fühlten wir uns beim Singen von unseren *persönlichen Sorgen* befreit: Más que cantar, gritábamos:

Son gritos en el cielo, y en la tierra, son actos.

Y así termina el poema: nuestra poesía es *grito* y es *acto*, es protesta y es acción. Y una poesía que no es protesta y acción es un pecado.
— Ich glaube, ich kann Ihnen schwer folgen... ich verstehe schon, was Sie sagen, aber ich verstehe kaum, wovon Sie reden.
— Nein, können Sie nicht. Sie haben nie in jener Enge gelebt, Sie haben nie nach Luft geschnappt. Hoffentlich bleibt Ihnen das alles erspart, wovon ich hier rede.
— Hoffentlich. Aber, wenn Celaya so heftige Sachen geschrieben hat, verstehe ich überhaupt nicht, warum sie ihn als *persona y poeta entrañable* bezeichnen. Ein gequälter Mensch war er. Und ein Kampfdichter.
— Ja, schon, aber nicht nur. Er konnte auch ganz gemütliche Gedichte schreiben. Und er tat es. Niemand kann auf Dauer in einer exaltierten Grenzstimmung leben, und dichten schon gar nicht. Celaya konnte das Leben in vollen Zügen genießen: Da war er Baske durch und durch. Escuche lo que escribió en 1956, un año después de haber publicado die Kampfansage que acabamos de comentar. Pero antes, para no olvidarlo, permítame que le cuente que Celaya era un entusiasta del castellano.
— O sea que amaba entrañablemente la lengua castellana...
— So kann man es auch sagen.
— Und das als Baske?
— Doch, als Baske aus Hernani, im Herzen Guipuzkoas.
— Und?
— Und was?
— Wieso war er ein Fan der spanischen Sprache?
— Mir scheint, Sie bringen einiges durcheinander. O mejor dicho: Usted ha oído campanas y no sabe dónde.[1] Yo, por ejemplo, aun sin ser vasco, soy un entusiasta del País Vasco, su tierra, su mar, su gente, su cultura, su cocina, su música...

---

1 *Sie haben läuten gehört, wissen aber nicht, wo die Glocken hängen.* Diese Redewendung erkläre ich im Besserwisser IV, S. 118.

— ¿Y de su lengua?
— De su lengua no puedo decir mucho, no conozco más que palabras sueltas. Pero suena bien y es a la vez recia y tierna.
— Pero Celaya escribía poesía en castellano.
— Sí, el castellano es desde hace mucho tiempo «lengua materna» de la mayor parte de los vascos. Y una parte de los vascos tienen, sozusagen, dos lenguas maternas. Lo cual no deja de ser una ventaja. Y de hecho entre los vascos ha habido y hay grandes escritores en castellano, como Miguel de Unamuno, de Bilbao, que murió en 1936, como Pío Baroja, de San Sebastián, muerto en 1956, y como Celaya y su colega el poeta Blas de Otero, bilbaíno, que murió en 1979. Hoy, por ejemplo, apenas habrá nadie en España que escriba en castellano versos tan perfectos como Jon Juaristi, también bilbaíno.
— Kenne ich nicht.
— Können Sie mal nachholen. Yo le puedo prestar un libro de poemas suyos, *Mediodía*,[1] donde encontrará versos de una perfección formal que le recordará a los clásicos del sigo XVII. Pero volvamos a Celaya. En 1955 escribió un poema titulado *Hablando en castellano*. Es un poema más bien largo, como muchos de los suyos. Le cito nada más un par de estrofas:

Hablando en castellano,
yo sé qué es poesía. Leyendo el Diccionario
reconozco cómo todo quedó bien dicho y nombrado.
Las palabras más simples son sabrosas, son algo
sabiamente sentido y calculado.

Hablando en castellano,
decir tinaja,[2] ceniza, carro, pozo, junco,[3] llanto,
es decir algo tremendo y es mascar[4] como un regalo
frutos de un largo trabajo.[5]

— Usted mismo es castellano, ¿no?
— Sí, castellano de nacimiento y de familia y de lengua materna, pero entre los once y los veintiocho años viví sobre todo en el País Vasco.
— ¿O sea que Usted es vasco de adopción?
— Hombre, no es para tanto.[6] Desde mis treinta años soy alemán de adopción y mi lengua diaria es el alemán...

---

1 La Veleta, Granada 1994
2 *Tinaja – Tonkrug*
3 *Junco – Binse*
4 *Mascar – kauen*
5 De *Cantos iberos*. Alicante 1955. Yo lo tomo de *Antología*, pp. 200-202.
6 *No es para tanto – So weit geht es nicht.*

— Pero Usted ¿qué se considera?
— Pues yo me considero yo. Para mí no hay contradicción entre mi ser castellano, vasco, español, alemán... Yo, como el mismo Celaya, *soy quien soy*. Uno de sus poemas más conocidos se titula *España en marcha* y comienza con esa afirmación de identidad:

Nosotros somos quien somos...

— Ist das nicht eine Anmaßung? Das ist nämlich die Selbstdefinition Gottes in der Bibel... «Ich bin der ich bin.»
— Bei Gott ist das vielleicht eine Anmaßung, denn es steht nicht einmal fest, ob er existiert. Aber bei uns... Si yo digo que *yo soy quien soy* estoy afirmando que soy una persona original e irrepetible, que soy más que mi historia, mis circunstancias, mi educación, mi nacionalidad... Escuche a Celaya:[1]

Nosotros somos quien somos.
¡Basta de historia y de cuentos!
¡Allá los muertos! Que entierren como Dios manda a sus muertos.

Allá los muertos, que entierren a sus muertos... Equivale a: *dejad que los muertos entierren a sus muertos*... Es una alusión a uno de los textos más radicales del Evangelio:

«A otro le dijo. Sígueme.
El replicó: Señor, déjame ir antes a enterrar a mi padre.
Jesús le respondió. Deja que los muertos entierren a sus muertos, tú ve a anunciar el reino de Dios.»[2]

Y sigue Celaya:

No vivimos del pasado,
ni damos cuerda al recuerdo.[3]
Somos, turbia y fresca, un agua que atropella sus comienzos.

— Kein schlechtes Bild für eine revolutionäre Einstellung: *un agua que atropella sus comienzos*: *ein Wasserstrom, der seine Ursprünge überrennt.*
— Y sigue unas estrofas más adelante:

¡A la calle! Que ya es hora
de pasearnos a cuerpo
y mostrar que, pues vivimos, anunciamos algo nuevo.

---

1 En *Cantos Iberos*. Madrid 1955. Yo lo tomo de *Antología*. pp. 195-96
2 Lucas 9, 59-60
3 *Dar cuerda – aufziehen*. Normalmente se da cuerda al reloj.

— ¿Qué es eso de *pasearse a cuerpo*?
— *Ir a cuerpo* es *salir a la calle sin abrigo* ni chaqueta. Cuando, después del invierno, se sale por primera vez a pasear *a cuerpo*, se experimenta una sensación de libertad e incluso de liberación. Y esa es a mi entender la imagen que quiere suscitar aquí Celaya: la primavera, lo nuevo, la juventud, la libertad:

¡A la calle! Que ya es hora
de pasearnos a cuerpo
y mostrar que, pues vivimos, anunciamos algo nuevo.

Aber das Neue, was er verkörpert, hindert ihn nicht daran, sich zu seinem Ursprung zu bekennen:

No reniego de mi origen,
pero digo que seremos
mucho más que lo sabido, los factores de un comienzo.

Españoles con futuro
y españoles que, por serlo,
aunque encarnan lo pasado no pueden darlo por bueno.
(...)
España mía, combate[1]
que atormentas mis adentros,
para salvarme y salvarte con amor te deletreo.[2]

— Er distanziert sich leidenschaftlich von dem Spanien, das er leidenschaftlich liebt, oder er liebt leidenschaftlich das Spanien, von dem er sich leidenschaftlich distanziert... Die reinste Dialektik!
— Ja, aber keine theoretische, sondern eine Dialektik, *ein Kampf, der seine Innereien quälte*, un *combate que atormentaba sus adentros...*
— Sus entrañas...
— Eso es, sus entrañas. Und so sind wir dann doch beim Celaya *entrañable* gelandet. Así que ahora le voy a leer lo que quería leerle. Y le recuerdo que esto que ahora voy a leerle lo publicó en 1956, o sea un año después del poema de lucha que hemos comentado hace un buen rato. Se titula *Momentos felices*,[3] y aquí le voy a leer nada más algunas estrofas, más o menos la mitad:[4]

---

1 *Combate – Schlacht*
2 *Deletrear – buchstabieren*
3 De *De claro en claro*, Madrid 1956. Yo lo tomo de *Poesía*, pp. 117-119.
4 De *Cantos y mitos*. Madrid 1983. Yo lo tomo de la *Antología*, pp. 364-366.

Cuando salgo a la calle silbando alegremente
el pitillo en los labios, el alma disponible –
y les hablo a los niños o me voy con las nubes,
mayo apunta y la brisa lo va todo ensanchando,
las muchachas estrenan sus escotes, sus brazos
desnudos y morenos, sus ojos asombrados,
y ríen ni ellas saben por qué sobreabundando,[1]
salpican la alegría que así tiembla reciente,
¿no es la felicidad lo que se siente?

Cuando llega un amigo, la casa está vacía,
pero mi amada saca jamón, anchoas, queso,
aceitunas, percebes, dos botellas de blanco,
y yo asisto al milagro – sé que todo es fiado –[2]
y no quiero pensar si podremos pagarlo;
y cuando sin medida bebemos y charlamos,
y el amigo es dichoso, cree que somos dichosos,
y lo somos quizá burlando así la muerte,
¿no es la felicidad lo que trasciende?

Cuando puedo decir: el día ha terminado.
Y con el día digo su trajín,[3] su comercio,
la busca del dinero, la lucha de los muertos.
Y cuando así cansado, manchado, llego a casa,
me siento en la penumbra y enchufo el tocadiscos,
y acuden Kachaturian, o Mozart, o Vivaldi,
y la música reina, vuelvo a sentirme limpio,
sencillamente limpio y, pese a todo, indemne,[4]
¿no es la felicidad lo que me envuelve?

Cuando tras dar mil vueltas a mis preocupaciones,
me acuerdo de un amigo, voy a verle, me dice:
Estaba justamente pensando en ir a verte.
Y hablamos largamente, no de mis sinsabores,
pues él, aunque quisiera, no podría ayudarme,
sino de cómo van las cosas en Jordania,
de un libro de Neruda, de su sastre, del viento,
y al marcharme me siento consolado y tranquilo,
¿no es la felicidad lo que me vence?

---

1 *Sobreabundando – aus Überfluß, aus Übermut, überschwenglich, überquellend...*
2 *Fiado – auf Pump*
3 *Trajín* equivale casi a Stress
4 *Indemne – schadlos, heil, davongekommen*

Abrir nuestras ventanas; sentir el aire nuevo;
pasar por un camino que huele a madreselvas;[1]
beber con un amigo; charlar o bien callarse;
sentir que el sentimiento de los otros es nuestro;
mirarse en unos ojos que nos miran sin mancha,
¿no es esto ser feliz pese a la muerte?
Vencido y traicionado, ver casi con cinismo
que no pueden quitarme nada más y que aún vivo,
¿no es la felicidad que no se vende?

— ¡Ahora comprendo por qué Usted dice que Celaya es entrañable!
— Pero lo pasó muy mal. Entre 1927 y 1936, mientras estudiaba en Madrid la carrera de ingeniero, había conocido de cerca a gente como Lorca, Neruda, Buñuel e incluso a Juan Ramón Jiménez. En 1935, o sea con 24 años, había publicado su primer libro de poesía. Y estalló la guerra, la guerra civil española, que fue todo menos civil.
— ¿Y de qué lado luchó Celaya?
— Del lado del gobierno vasco, o sea contra Franco. Y cayó preso y le destinaron a trabajos auxiliares para el ejército de Franco. En Burgos, donde residía Franco mismo. Y después de la guerra estuvo trabajando de ingeniero en la empresa de su padre. Estaba amargado. No publicó nada.
— ¿Y no se fue al exilio, como otros?
— No, él se fue al exilio interior, como otros.
— ¿Y quién le sacó de ese exilio interior?
— Einmal dürfen Sie raten.
— Eine Frau?
— Jawohl, eine Frau. Amparo Gastón. El la llamaba Amparitxu, con ese diminutivo vasco tan tierno de que hablo en *Besserwisser V.*[2] Se conocieron en octubre del 46:

«Nos entendimos enseguida, nos quisimos muy pronto, y esto fue para mí la resurrección.»[3]

— Liebe auf den ersten Blick.
— Sí, un auténtico flechazo. Pero un flechazo que duró toda una vida. Escuche lo que escribió sobre su Amparitxu en 1973, cuando ya llevaban por tanto 27 años queriéndose:[4]

---

1 *Madreselva – Geißblatt*
2 Pp. 45-46: *La ternura vasca.*
3 De *Itinerario poético.* Madrid 1986, p. 22. Yo lo he tomado de *Antología,* p. 14.
4 De *Función de uno, equis, ene.* Zaragoza, Fuendetodos, 1973. Yo lo he tomado de *Antología*, p. 338.

Pero tú existes ahí. A mi lado. ¡Tan cerca!
Muerdes una manzana. Y la manzana existe.
Te enfadas. Te ríes. Estás existiendo.
Y abres tanto los ojos que matas en mí el miedo,
y me das la manzana mordida que muerdo.

— Mir scheint, hier wird Eva vom üblen Ruf der verhängnisvollen Verführerin rehabilitiert. Hier ist sie die erlösende Verführerin.
— Ja, Eva Amparitxu hat als erste in den Apfel gebissen, und Adam Celaya, durch ihren Blick von der Angst befreit *(abres tanto los ojos que matas en mí el miedo)*, beißt nach, und es folgt keine Katastrophe. Dieser gemeinsame Biß in den Apfel war keine Sünde. Es war nur Liebe.

¡Tan real es lo que vivo, tan falso lo que pienso
que – ¡basta! – te beso!
¡Y al diablo los versos...!

Stellen Sie sich vor! Diese Verse hat ein 62-jähriger Mann für und über eine Frau geschrieben, mit der er seit 27 Jahren zusammenlebt. Und die folgenden auch:

Estoy vivo todavía gracias a tu amor, mi amor,
y aunque sea un disparate, todo existe porque existes,
y si irradias,[1] no hay vacío, ni razón para el suicidio,
ni lógica consecuencia. Porque vivo en tí, me vivo,
y otra vez, gracias a ti, vuelvo a sentirme niño.

— Unos versos francamente entrañables.
— Durch die Liebe der Amparitxu ist er *auferstanden*, als Mensch und als Dichter. Gleich danach, im Jahre 1947, sind, nach einem 13-jährigen Schweigen, drei Bücher von ihm erschienen.
— Er hatte offensichtlich einen unbändigen Nachholbedarf.
— Ja, von den dreien gefällt mir am besten *Tranquilamente hablando*. Es ist auch eines seiner bekanntesten. Hier eine Kostprobe:[2]

Debo ser algo tonto
porque a veces me ocurre que me pongo a hablar solo,
y digo cosas locas,
digo nombres bonitos de muchachas y barcos
o títulos de libros que nadie ha escrito nunca.

---

1 *Irradiar – strahlen*
2 De *Tranquilamente hablando*. San Sebastián 1947. Yo lo tomo de *Poesía*, p. 74-75.

Debo ser algo tonto.
(...)
Soy feliz y, por eso, también un poco tonto.

— Das kann ich sehr gut nachempfinden: *Ich bin glücklich, also muß ich etwas plemplem sein.*
— Ja, und folgendes Gedicht kann ich sehr gut nachempfinden:

Todas las mañanas cuando leo el periódico[1]
Me asomo a mi agujero pequeñito.
(...)
Los hombres amarillos, los negros o los blancos,
la Bolsa, las escuadras, los partidos, la guerra:
largas filas de hombres cayendo de uno en uno.
Los cuento. No lo entiendo.

Levantan sus banderas, sus sonrisas, sus dientes,
sus tanques, su avaricia, sus cálculos, sus vientres,
y una belleza ofrece su sexo a la violencia.
Lo veo. No lo creo.

— Das verstehe ich nicht: *una belleza ofrece su sexo a la violencia.*
— Belleza ist hier Schönheit im Sinne von einer konkreten, schönen Frau. Im Deutschen sagt man auch: «eine Schönheit.» Und damit meint man eine schöne Frau. *Una belleza ofrece su sexo a la violencia. Lo veo. No lo creo.*
— Celaya wundert sich also darüber, daß die Gewalt anscheinend sexy wirkt...
— Oder noch genauer, daß es «Schöne» gibt, auf welche gerade gewalttätige Männer erotisch wirken.
— Ja, das scheint so zu sein. Auch ich verstehe das nicht.
— Tja, und weil Celaya das und vieles andere nicht versteht, verkriecht er sich in sein *schattiges, warmes Loch*, wo er, *wenn er hochguckt, ein bißchen Himmel sieht*; wo er *schlafen* kann, so wie *essen*, *von Gott träumen* und – das finde ich genial – *sich kratzen!*

Yo tengo mi agujero oscuro y calentito.
Si miro hacia lo alto, veo un poco de cielo.
Puedo dormir, comer, soñar con Dios, rascarme.
El resto no lo entiendo.

— Übertreibt er hier nicht?

---

1 Wie gerade eben, p. 74

— Finde ich nicht. Zumal diese Verse kein Programm verkünden, sondern nur eine sogenannte Befindlichkeit beschreiben.
— Finde ich trotzdem überzogen.
— Na ja, vielleicht sind Sie zu jung dazu. Was mich betrifft, ich kann Ihnen versichern, daß ich immer wieder Etappen durchlebe, wo ich keine Zeitung lese und keine Nachrichten höre. TV-Nachrichten schaue ich mir sowieso schon seit Jahren nicht an.
— Sind Sie doch depressiv?
— Nicht daß ich wüßte. Quizás me ocurra solamente, como a Celaya, que soy *un poco tonto*. Sí, *debo ser algo tonto...*

Mis fuentes:

Christoph Strosetzki: *Gabriel Celaya. La poesía es un arma cargada de futuro*. En: *Die spanische Lyrik der Moderne.* Frankfurt Main 1990, pp. 292-302
Gabriel Celaya: *Trayectoria poética. Antología.* Edición de José Angel Ascunce, Madrid 1993
Gabriel Celaya: *Poesía.* Introducción y selección de Angel González. Alianza Editorial, Madrid 1977

XIX.
Atahualpa Yupanqui
1908–1992

Le tengo rabia al silencio...

— ¿Y por qué le tiene rabia al silencio?
— Por lo mucho que perdió callando.
— ¿Y qué perdió?
— Un amor.
— ¿Y por qué se calló?
— Pues vaya Usted a saber. Por timidez, creo yo. Escuche cómo lo cuenta él mismo:

> Cuando el amor me hizo señas,
> todo entero me encendí,
> y a fuerza de ser callado,
> callado me consumí.

— *Als ihm* also *die Liebe zuwinkte, fing er ganz und gar Feuer, und er schwieg so lang, bis er verglühte.*
— Oder etwas genauer: *vor lauter Schweigen verglühte er.*
— Ja, kein Wunder, daß er *das Schweigen verflucht.*
— Und daher sein Rat:

> Que no se quede callado
> quien quiera vivir feliz.

— Sí, a veces es mejor callar. Pero tiene mucha razón aquel refrán alemán que recuerda que «durch Schweigen verdirbt viel Freundschaft».
— Sí, hay ocasiones en que no se debe callar, sobre todo en cosas del amor.
— Está claro: Es evidente que quien ama tiene que saber callar, pero no menos evidente es que quien ama tiene que saber hablar. Yo ahí tengo mis problemas. Hay quien habla demasiado, pero yo, yo creo que callo demasiado. Y es que esto del silencio es una cosa muy ambigua.
— Sí, ambigua en sí y de por sí, y ambigua porque *silencio* significa tanto *Schweigen* como *Stille*. El poema completo que lleva el título de *Le tengo rabia al silencio*[1] va cargado de esa doble ambigüedad. Escuche:

---

1 AY 1, p. 17 (Abrevio así – AY – la fuente que utilizo en este capítulo: *Atahualpa Yupanqui. L' Integrale.* Al final de este capítulo doy los datos exactos sobre esta fuente, que consta de cinco CDs.)

Le tengo rabia al silencio
por lo mucho que perdí.
Que no se quede callado
quien quiera vivir feliz.

Un día monté a caballo
y en la selva me metí,
y sentí que un gran silencio
crecía dentro de mí.

Hay silencio en mi guitarra,
cuando canto el yaraví,[1]
y lo mejor de mi canto
se queda dentro de mí.

Cuando el amor me hizo señas,
todo entero me encendí,
y a fuerza de ser callado,
callado me consumí.

Le tengo rabia al silencio
por lo mucho que perdí.
Que no se quede callado
quien quiera vivir feliz.

Este tema del silencio lo trata más de una vez. Yo recuerdo aquella otra canción, muy conocida y muy cantada en los años setenta y ochenta, cuando América Latina estaba de moda entre los de izquierdas. Se titula *Los ejes de mi carreta.*[2] Vorsorglich sage ich Ihnen, daß es dabei um einen Fuhrmann geht, der als *nachlässig* gilt, weil er die *Achsen seines Wagens* nicht *schmiert*. Allein, er *hört gern das Knarren* der Achsen.
— Warum denn?
— Weil es *zu langweilig ist, zu fahren und zu fahren, ohne etwas, das ihn unterhält. Der Weg wird dann zu lang.*
— Kann der Fuhrmann der Einsamkeit und der Stille nichts abgewinnen?
— Eben nicht! Er *kann die Stille nicht gebrauchen*, denn *er hat nichts, woran er denken oder worüber er nachdenken* könnte. *Früher schon. Lange her. Jetzt aber nicht mehr*. Und deswegen wird er *nie die Achsen seines Fuhrwerks schmieren.*

---

1 *Yaraví* es, según el Diccionario de la Real Academia, una palabra quechua: «Especie de cantar dulce y melancólico que entonan los indios de algunos países de América Meridional».

2 AY 1, p. 27

Porque no engraso los ejes
me llaman abandonao,
si a mí me gusta que suenen,
¿pa qué los quiero engrasaos?

Es demasiado aburrido
seguir y seguir la huella,
demasiao largo el camino
sin nada que me entretenga.

No necesito silencio,
yo no tengo en qué pensar,
tenía, pero hace tiempo,
ahora ya no pienso más.

Los ejes de mi carreta
nunca los voy a engrasar.

— Unromantisch, unidyllisch, dafür aber einfühlsam und liebevoll.
— Unromantisch, einfühlsam und liebevoll ist ohnehin seine Schilderung des Lebens der kleinen Leute wie Bauern, Holzfäller, Bergleute, Fischer... Und diese Schilderung ist sein Hauptthema. Darin sieht er seine Hauptaufgabe als Dichter.
— Wieso als Dichter? Als Sänger! ¡Atahualpa era cantor!
— Atahualpa war Dichter und Sänger, poeta y cantor a la vez. Das heißt, er war Dichter im vollkommenen Sinne.
— Was wollen Sie damit sagen?
— Daß die Dichtung ursprünglich Gesang war.
Schon alleine das Wort *Lyrik* verrät es ganz eindeutig, denn eine Lyra, deutsch Leier, ist bekanntlich ein Musikinstrument.
— So gesehen ist vieles, was heute als Lyrik gilt, gar keine Lyrik.
— Sie sagen es! Aber sagen Sie es leise, denn sonst werden Sie gelyncht. Aber zurück zur Hauptaufgabe des Dichters in den Augen Atahualpas. Er hat es mal klipp und klar formuliert... in einem Gedicht, versteht sich.
— Oder in einem Lied...
— Oder in einem Lied, meinetwegen. Also das Gedicht oder das Lied heißt *El Poeta*:[1]

Tú piensas que eres distinto
porque te dicen poeta,
y tienes un mundo aparte
más allá de las estrellas.

---

1 AY 1, p. 19

De tanto mirar la luna
ya nada sabes mirar.
Eres como un pobre ciego
que no sabe adónde va.

Vete a mirar los mineros,
los hombres en el trigal,[1]
y cántale a los que luchan
por un pedazo de pan.

Poeta de tiernas rimas,
vete a vivir a la selva,
y aprenderás muchas cosas
del hachero[2] y sus miserias.

Vive junto con el pueblo,
no lo mires desde afuera,
que lo primero es ser hombre
y lo segundo poeta.

De tanto mirar la luna
ya nada sabes mirar.
Eres como un pobre ciego
que no sabe adónde va.

Vete a mirar los mineros,
los hombres en el trigal,
y cántale a los que luchan
por un pedazo de pan.

— Das erinnert mich irgendwie an «maldigo la poesía concebida como un lujo cultural por los neutrales» de Gabriel Celaya.[3]
— Sí, pero Atahualpa lo dice de un modo mucho más fino. Celaya lo decía de un modo desgarrado y mucho más ideologizado, menos poético, incluso un tanto bruto.
— ¿Como buen vasco?
— Hombre, yo no diría tanto. Zumal Atahualpas Mutter selbst eine Baskin war... Na ja, dejemos esos tópicos.[4]
— Aunque en todo tópico se encierra un tanto de verdad...

---

1 *Trigal* viene de *trigo, Weizen*. Also *Weizenfeld*.
2 *Hachero* viene de *hacha – Axt*. Also *Holzfäller*.
3 Ver el capítulo XVIII de este libro, sobre todos las páginas 177-178.
4 *Tópicos* son *Klischees, Allgemeinplätze*.

— Sí, aunque en todo tópico se encierre un tanto de verdad. El caso es que sí, que la madre de Atahualpa era vasca y el padre argentino.
— Bueno, eso no dice mucho, pues hay argentinos de origen muy distinto.
— Sí, por parte de padre tenía un poco o un mucho de indio.
— Ah, y por eso lo de[1] Atahualpa Yupanqui...
— No, Atahualpa Yupanqui no era su nombre de pila. Era un seudónimo, o mejor dicho su Künstlername. Oficialmente se llamaba Héctor Roberto Chavero Uramburu.
— ¿Y cuándo nació?
— En 1908, un año antes que mi madre.
— ¿Y nació en la ciudad de Buenos Aires?
— No, hombre, no todos los argentinos son de Buenos Aires. Nació en Campo de la Cruz, un lugarejo[2] de la provincia de Buenos Aires, pero no en la capital. En la ciudad de Buenos Aires vivió, pero muy poco tiempo. Se movió mucho por Argentina, por toda América Latina y, desde finales de los años cuarenta, se movió también mucho por toda Europa, donde tenía muchos admiradores. Selbst in Japan hatte er seine Fangemeinde.
— O sea que anduvo mucho mundo.
— Sí, y por eso pudo escribir con gran sensibilidad aquella canción que se titula *El árbol que tú olvidaste*:[3]

El árbol que tú olvidaste
siempre se acuerda de ti,
y le pregunta a la noche
si serás o no feliz.

El arroyo me ha contado
que el árbol suele decir:
Quien se aleja, junta quejas,
en vez de quedarse aquí.[4]

Al que se va por el mundo
suele sucederle así,
que el corazón va con uno,
y uno tiene que sufrir.

---

1 *Lo de... – das mit...* Es una forma coloquial.
2 El sentido de la terminación o sufijo *-ejo* lo explico en *Besserwisser V*, p. 166.
3 AY 1, p. 25
4 Ziemlich wortwörtlich: *Wer fortgeht, sammelt Sorgen, und dabei hätte er da bleiben können.*

Y el árbol que tú olvidaste
siempre se acuerda de ti.

Arbolito de mi tierra,
yo te quisiera decir
que lo que a muchos les pasa
también me ha pasado a mí.

No quiero que me lo digan
pero lo tengo que oír:
quien se aleja junta quejas,
en vez de quedarse aquí.

— *Wer fortgeht, sammelt Sorgen* und Leiden, das stimmt, wer aber bleibt, bleibt auch nicht von Sorgen und Leiden verschont. Anders halt!
— Ja schon, wer bleibt, leidet, weil er nicht fortgegangen ist, und wer fortgeht, leidet, weil er nicht geblieben ist. Ich, zum Beispiel, bin fortgegangen, y puedo confirmarle a Usted que sí, que *al que se va por el mundo suele sucederle así, que el corazón va con uno, y uno tiene que sufrir*.
— ¿O sea que *lo que a muchos les pasa*
también le *ha pasado a* Usted?
— Pues sí, realmente, *el corazón va con uno y uno tiene que sufrir*. Y también he podido comprobar que *el árbol que* yo olvidé *siempre se acuerda de* mí. Was nicht immer von Vorteil ist, denn diejenigen, die bleiben, wie der Baum, nehmen es dir nicht selten übel, daß du fortgegangen bist. Wer fortgeht, der ist in ihren Augen irgendwie ein Verräter.
— Oder vielleicht sind diejenigen, die bleiben, auf ihn neidisch...
— Ja, vielleicht.
— Oder vielleicht machen sie sich auch einfach darüber Sorgen, *ob der*, der fortgegangen ist, *glücklich ist*, *y le preguntan a la noche si* el que se fue por el mundo *será o no feliz*. Denn derjenige, der bleibt, kann sich vielleicht nicht vorstellen, daß man außerhalb der «Heimat» glücklich sein kann, in der «Fremde»...
— Ja, vielleicht. Pero dejemos estas digresiones y volvamos a Atahualpa, quien se sentía muy a gusto en París, donde se codeó[1] con Edith Piaf, con Picasso, con Buñuel...
— O sea que era todo un personaje.

---

1 *Codearse* viene de *codo – Ellbogen*, y significa *relacionarse de igual a igual*. Mi diccionario dice: «auf gleichem Fuß (oder freundschaftlich) mit jemandem verkehren».

— Sí, sin duda. Ya en vida fue un personaje legendario, una especie de patriarca. Los grandes de la nueva canción latinoamericana le admiraban. ¿Le suenan a Usted nombres como Mercedes Sosa, Víctor Jara, Violeta Parra, Silvio Nascimento?
— Sí, sonar sí me suenan, sobre todo Mercedes Sosa y Violeta Parra. Pero no los conozco más que muy por encima.
— Eine Bildungslücke. Leicht nachzuholen. Auf jeden Fall hat er all diese Sänger sehr stark geprägt. Aber jetzt will ich nicht darauf eingehen, denn es wäre ein zu weites Feld... Volvamos a Atahualpa. Ich wollte Ihnen erzählen, daß er mit seinen kritischen, engagierten und trotzdem kunstvollen Liedern den zahlreichen Diktatoren jener Jahrzehnte in Lateinamerika ein Dorn im Auge war.
— Ja, das kann ich verstehen. Aber warum sagen Sie «mit seinen kritischen, engagierten *und trotzdem kunstvollen* Liedern»?
— Na ja, es dürfte sich herumgesprochen haben, daß eine ausgesprochen politische Absicht des Künstlers nicht unbedingt die künstlerische Qualität seines Werkes fördert.
— Ja, die «richtige Linie» hat schon manchen Künstler versaut.
— Es ist die uralte Frage, ob und was Kunst und Moral miteinander zu tun haben.
— Sie kennen gewiß die Polemik zwischen Heine und Börne. Heine wurde vorgeworfen, er habe viel Talent, aber zu wenig Charakter. Mit anderen Worten: Er könne zwar gut schreiben, engagiere sich aber dabei nicht genug für die richtige Linie, also für die Moral.
— Ja, und Heine konterte, seine Kritiker hätten zwar Charakter, aber zu wenig Talent.
— Atahualpa hatte also Charakter und Talent.
— Ja, kann man so sagen. Heine übrigens auch.
— Ja, ja, wem erzählen Sie das?
— Ja, ich weiß, daß Sie ein Heine-Fan sind.
— Was heißt hier Fan? Ich kenne ihn gut und schätze ihn sehr.
— Schon gut! Und ich habe durch Sie einiges über ihn gelernt. Und da wir wieder bei Heine gelandet sind, will ich Ihnen von einem Lied erzählen, que sin duda hubiera hecho las delicias del mismísimo Heine. Se titula Preguntitas sobre Dios[1] y es a mi entender una de las canciones de Atahualpa más conocidas y más cantadas. Yo la oí cantar por primera vez en Bilbao en 1968. Y por cierto que quien la cantó, cantaba muy mal. Pero me llegó muy hondo y se me quedó muy grabada. Es spricht ein Kind, das seinen Opa und dann seinen Vater nach Gott fragt:

---

1 AY 2, p. 16

Un día yo pregunté:
Abuelo, ¿dónde está Dios?
Mi abuelo se puso triste
y nada me respondió.

Mi abuelo murió en los campos
sin rezo ni confesión,
y lo enterraron los indios,
flauta de caña y tambor.

— Den Großvater *trugen die Indianer zu Grabe* und spielten dabei *Flöte und Trommel*. Und?
— Daß er keine kirchliche Beerdigung kriegte. Er war sowieso auch unkirchlich gestorben: alleine *auf dem Feld, ohne Gebet und ohne Beichte*. Obwohl Sie gottlos aufgewachsen sind, wissen Sie sicher, daß es unter Katholiken als *buena muerte* galt und vielleicht noch gilt (darüber bin ich nicht mehr kundig), wenn man vor dem Tod noch beichten kann. Oder?
— Ja, so weit reicht meine Kenntnis des Aberglaubens...
—Dann können wir weiter machen. Nach einer gewissen Zeit (*al tiempo*) fragt der Bub weiter:

Al tiempo yo pregunté:
Padre ¿qué sabes de Dios?
Mi padre se puso triste
y nada me respondió.

Mi padre murió en la mina
sin doctor ni protección.
Color de sangre minera
tiene el oro del patrón.

— Hier brauche ich keine Erklärung.
— Sí, es y está muy claro. Y lo que sigue, también:

Mi hermano vive en los montes
y no conoce una flor.
Sudor, malaria y serpientes
la vida del leñador.[1]

Y que nadie le pregunte
si sabe dónde está Dios.
Por su casa no ha pasado
tan importante señor.

---

1 *Leñador – Holzfäller*

— Sehr bitter: *Por su casa no ha pasado tan importante señor...*
— Es folgt eine kurze Atempause:

Yo canto por los caminos,
y cuando estoy en prisión
oigo las voces del pueblo
que canta mejor que yo.

—Y sigue la primera conclusión, clara e indiscutible:

Hay un asunto en la tierra
más importante que Dios,
y es que nadie escupa sangre
pa que otro viva mejor.

—La segunda conclusión va cargada de una amarga ironía:

¿Que Dios vela por los pobres?
Tal vez sí y tal vez no.
Pero es seguro que almuerza
en la mesa del patrón.

— Ganz schön bitter und ganz schön agitatorisch:

Ob Gott über die Armen wacht?
Vielleicht ja, vielleicht doch nicht.
Aber eines dürfte sicher sein:
daß er beim Patron tafelt.

Religionskritik und Gesellschaftskritik zugleich.
— Ja... Ist doch berechtigt, oder?
— Aber meint er Gott als solchen oder meint er nur die Kirche, das heißt, den Gott, den die Kirche predigt?
— Difícil de responder. No faltan creyentes que dicen que Atahualpa tiene razón porque con su ironía amarga se está refiriendo al Dios que predica la Iglesia, no al Dios del Evangelio. De hecho, a los partidarios de la «teología de la liberación» les gustaba mucho esta canción.
— Y Usted mismo ¿cómo lo ve?
— Yo diría que, para perder definitivamente la fe en Dios, en todo tipo de Dios, tanto del Dios de la Iglesia como del Dios de los Evangelios, bastaría con ver la vida y la muerte de ese abuelo, de ese padre y de ese hermano.
— Sí, y de tantos abuelos, padres y hermanos...
— Sí, eso. Und jetzt, wenn das ein Theaterdialog wäre, müßte hier in Klammern stehen: «Es folgt ein langes Schweigen.» Así que hagamos un largo silencio.

(Sigue un largo silencio. Dann rede ich weiter.)
— Es ist sowieso verblüffend, mit welcher Leichtigkeit Atahualpa ganz schwere Brocken serviert.
— ¿Por ejemplo?
— Por ejemplo la estrofa que acabamos de ver:

Hay un asunto en la tierra
más importante que Dios,
y es que nadie escupa sangre
pa que otro viva mejor.

— Finden Sie das leicht?
— Ja, sprachlich leicht, ohne jede sprachliche Anstrengung. Manchmal garniert er solche Brocken sogar mit einem fast unvernehmbaren Humor. Por ejemplo en la primera estrofa de una canción que se titula simplemente *Juan*:[1]

Sembrando la tierra, Juan
se puso a considerar
por qué la tierra será
de quien no sabe sembrar.

— Ganz schön ideologisch.
— Wieso ideologisch? Ideologisch wäre es, wenn es hieße: «La tierra para quien la trabaja» – «Die Erde für den, der sie beackert.» Was übrigens alles andere als verkehrt wäre. Aber hier wird ein Bild gezeigt, eine Momentaufnahme, eine Kurzgeschichte eines Bauern namens Juan erzählt, also eines ganz gewöhnlichen Bauern, der *beim Säen darüber zu sinnieren beginnt*, wie merkwürdig es sei, *daß die Erde, das Land, der Acker Menschen gehört, die selbst nicht wissen, wie man sät.*
— Ja, merkwürdig ist es schon. Wobei es durchaus Landbesitzer gibt, die sehr wohl wissen, wie man sät.
— Ja schon! Aber diese Strophe Atahualpas formuliert keine sozio-ökonomische Analyse, sie malt nur ein Bild, nichts mehr und nichts weniger. Und dieses Bild ist in sich stimmig. Por cierto que esta canción lleva una firma doble: A. Yupanqui y Pablo del Cerro.
— ¿Y quién era ese Pablo del Cerro?
— No era un *ese*, era una *esa*. Era su mujer, su segunda mujer, que se llamaba Paule Pepin Fitzpatrick, «Nenette», y que utilizaba el seudónimo masculino de Pablo del Cerro.
— Merkwürdig.

---

1 AY p. 18

— Künstler sind sowieso merkwürdig.
— Wie meinen Sie das?
— Einfach so.
— Und wie würden Sie diesen einfachen Satz auf Spanisch sagen: «Künstler sind sowieso merkwürdig»? Und drücken Sie sich nicht um das Wörtchen *sowieso*!
— Keine leichte Aufgabe. Schon *merkwürdig* ist schwer zu übersetzen: curioso, pintoresco, notable, especial, extraño... Aber *sowieso* ist sowieso kaum zu übersetzen. Quizás como *¿qué se le va a hacer?* O sea que por ejemplo podríamos decir: «¿Qué se le va a hacer? Los artistas son gente curiosa, o gente pintoresca. O: los artistas son muy especiales, son gente especial e incluso muy especial.» Mi difunto amigo Pedro hubiera dicho: «¿Qué se le va a hacer? A los artistas hay que echarles de comer aparte.»
— ¿Y eso qué es?
— Pues que son merkwürdig halt; daß sie so sehr anders sind, daß *man sie getrennt füttern muß.*
— Und ist das gut gemeint?
— Weder gut noch böse.
— Pero también hay artistas que como personas son normales.
— Sí, eso dicen. Aunque, claro, nunca podremos definir qué es eso de la normalidad. Pero aun así yo sospecho que normalidad y sentido artístico *están reñidos.*
— Was bedeutet das?
— Daß *sie sich nicht vertragen.*
— ¿Y Atahualpa?
— Por lo que yo sé de él, parece que fue un hombre bastante normal. Aunque he de confesarle que yo sé poco de su vida, sobre todo de su vida privada. Lo que sí conozco de él es su famoso poema autobiográfico titulado *El Payador perseguido.*[1] Es un poema larguísimo escrito en estrofas de seis versos, 120 estrofas en total, en versos de ocho sílabas, que como Usted recordará son los versos más usuales en la poesía popular en castellano.
— O sea una especie de romance, vamos.
— Sí y no. En realidad es una *milonga,* que es canción y baile, típica del Río de la Plata. El texto, Atahualpa en parte lo canta y en parte lo recita, acompañándose a la guitarra, como buen payador.
— ¿Qué es eso de *payador*?
— *Payador* es, en Argentina, Chile y Uruguay, un cantor popular que,

1 AY 5 pp. 16-37

acompañándose con una guitarra, improvisa sobre temas variados. En este poema nos cuenta lo que vivió y lo que pensó andando por Argentina, con su guitarra al hombro, trabajando y cantando, cantando y trabajando. Hizo de todo: trabajó en una cantera,[1] fue arriero,[2] hizo de panadero, taló árboles[3], cortó caña de azúcar... Trabajó, sufrió, se sintió uno con los que trabajan y sufren, y cantó lo que veía y lo que sentía. Por ejemplo:

Tal vez otro haya rodao[4]
tanto como he rodao yo,
y le juro, créamelo,
que he visto tanta pobreza,
que yo pensé con tristeza:
Dios por aquí no pasó.

— Otra vez el tema del Dios de los ricos...
— Sí, es inevitable. Pero, a pesar de todo lo que vio y vivió, parece que no se amargó. Lo cuenta en otra estrofa que ya comentamos hablando de Antonio Machado:[5]

Dicen que no tienen canto
los ríos que son profundos.
Mas yo aprendí en este mundo
que quien tiene más hondura
canta mejor por ser hondo
y hace miel de su amargura.

— Sí, lo recuerdo.
— Según él, fue la canción la que le salvó:

Cuando sentí una alegría,
cuando un dolor me golpeó,
cuando una duda mordía
mi corazón de paisano,[6]
desde el fondo de los llanos
vino un canto y me curó.

---

1 *Cantera – Steinbruch. Canto* es, además de Lied, Stein, Fels...
2 Arriero es Fuhrmann, Maultiertreiber.
3 Talar es *fällen*
4 *Rodar*, rollen, significa aquí *rumkurven*.
5 En la página 106 de este libro.
6 *Paisano* tiene varios sentidos: 1. *Zivilist*: Mi padre era militar pero yo soy paisano. 2. *Landsmann*: Juan es paisano mío por partida triple: es español, es de la provincia de Burgos e incluso es de Villadiego como yo. 3. Das Gegenteil von Städter. Das ist hier der Fall.

Yo no tengo mucha experiencia con esa medicina, porque, aunque me guste mucho la música, soy muy poco musical. En cambio sí tengo experiencia con una de las estrofas a mi parecer más profundas de todo este largo poema:

En el trance de elegir,
que mire el hombre pa dentro,
ande[1] se hacen los encuentros
de pensares y sentires.
Después...que tire[2] ande tire,
con la conciencia por centro.

— Also *in der Stunde der Wahl soll der Mensch nach innen schauen*, da, *wo sich Gedanken und Gefühle begegnen. Danach soll er dorthin ziehen, wo es ihn hinzieht, mit seinem Gewissen im Mittelpunkt...*
— Ja, genau.
— Ein interessantes Rezept.
— No es siempre fácil de aplicar, no. Pero vale la pena intentarlo.
— No es una receta para oportunistas.
— Naturalmente que no. Y tiene sus desventajas:

Por la fuerza de mi canto
conozco celda y penal.[3]
Con fiereza sin igual
más de una vez fui golpeao,
y al calabozo[4] tirao
como tarro[5] al basural.

— De ahí el titulo de El payador *perseguido*... Der *verfolgte* Volkssänger...
— Sí bien, pero no estaríamos hablando de Atahualpa si no habláramos de su guitarra, esa guitarra que sonaba de modo inconfundible cuando él la pulsaba.
— ¿La pulsaba?
— Sí, se puede decir que la tocaba, pero eso es muy genérico, spielen halt. La guitarra se pulsa. Y cuando Atahualpa la pulsaba, le arrancaba tonos de una intensidad emocional, a menudo desgarrada, que yo no

1 *Ande* es aquí una contracción coloquial de *donde* y *adonde*.
2 *Tirar* ist *ziehen* aber auch *hinziehen*, wie hier.
3 *Penal – Zuchthaus*
4 *Calabozo – Gefängniszelle*
5 *Tarro – Tongefäß*. Hier ist ein ausgedientes, kaputtes Tongefäß gemeint, das in den Müll geworfen wird.

recuerdo haber escuchado en ningún otro guitarrista. Creo que en él pensaba mi amigo José Emilio Palacios al componer esta cuarteta:

La guitarra, ¡qué cadera!
Y cómo le arranca un tiento
gemidos de alumbramiento
sin desflorarla siquiera.

— Ich brauche Hilfe.
— Gern. *Tentar* es aquí *antasten, berühren. Un tiento* ist also *eine Berührung. Alumbrar* es aquí *entbinden, gebären. Desflorar* se deriva de flor y significa *entjungfern.* Hier mein bescheidener Übersetzungsversuch:

Die Gitarre, welche Hüften!
Schon eine bloße Berührung
entreißt ihr Gebärgewimmer,
ohne sie auch nur zu entjungfern.

— Also, mir gefällt es nicht. Aber das ist mein persönlicher Geschmack.
— Wieso?
— Ich mag dieses Männergehabe von Schwängern, Gewimmer-entreißen, und Entjungfern nicht.
— So, so...
— Auch impliziert das Bild die Gleichsetzung von Frau und Instrument, daß eine Frau erst vom männlichen Spieler geweckt werden muß.
— Ach so! So sehen Sie das?
— Da es aber Gitarristinnen gibt, gibt es, Ihrem Freund zum Ärger, auch lesbische Gitarren.
— Dann gibt es sie halt! Was nichts daran ändert, daß eine Gitarre eine Frau ist, das sieht ein Blinder.
— Aber eine Frau ist keine Gitarre.
— Nein, eine Frau ist keine Gitarre.
— Und das Gebärgewimmer? Ist das sympathisch, daß da einer die Schmerzen einer Frau bei der Geburt als Beweis für seine männliche Stärke erlebt? Da ist ja die Bibel näher an der Sache, für die die Geburtswehen eine von einem rachsüchtigen Gott erdachte Strafe sind.
– Wirklich interessant! Es una pena que no pueda Usted discutir con el autor, mi amigo José Emilio, pues lo perdí de vista hace ya muchos años. No sé qué habrá sido de él.
— ¿Y qué fue de Atahualpa?
— Se murió, como un día nos moriremos Usted y yo. Se murió en Francia, en Nîmes, en 1992. Y yo me quedé sin realizar el sueño de

conocerle personalmente. Estuve cerquita de conocerle, pero no quiso ser.

— ¿Cómo así?

— Pues mire Usted, yo tenía un amigo que era amigo de un amigo de Atahualpa...

— Etwas dünn die Verbindung.

— Ja, ich gebe es zu. In der Tat hat es nicht gereicht. Er hätte ruhig etwas länger leben können. So alt war er doch nicht. No tenía más que 84 años. Meine Mutter zum Beispiel, ein Jahr nach ihm geboren, lebt immer noch... Y estaba a punto de concluir así este capítulo. Pero no sería justo terminarlo con mi madre, que nada tiene que ver con él y ni siquiera sabe que existió un señor llamado Atahualpa Yupanqui. Así que, para terminar dignamente, escuche con qué intensidad describe en el poema del *Payador perseguido* el *anochecer*, die *Abenddämmerung*, en la pampa:

Queda callada la pampa
cuando se ausenta la luz.
(...)
Entonces, igual que un poncho
a uno lo envuelve la tierra.
Desde el llano hasta la sierra
se va una sombra extendiendo,
y el alma va comprendiendo
las cosas que el mundo encierra.

— O sea que a ese silencio no le tenía rabia.

— No, a ese silencio no.

Mi fuente:

Atahualpa Yupanqui. L' Integrale. Es una casete de 5 CDs publicada en 1992 por Le chant du monde y Harmonia Mundi S.A. Lleva el número LDX 274 948/52 CM 234 X 5. Cada CD lleva un cuadernillo con el texto castellano y la traducción francesa.

XX.
Ingenio anónimo
Piropos

Ein geradezu poetisches Kompliment

— Seguro que Usted ha oído hablar de los piropos...
— Sí, claro, y acerca de los piropos he leído algo no sé dónde.
— ¿Será en un librito de Olaf Deutschmann titulado *Ungeschriebene Dichtung in Spanien*?[1]
— Sí, exacto.
— Pues permítame que le diga uno que no cita Olaf Deutschmann:

Cuando vuelva de la siega
asómate a la ventana,
que al segador no le importa
que le dé el sol en la cara.

Aquí canta un segador...
— ¿Un segador?
— Un segador ist ein Schnitter.
— Ein Schnitter?
— Ah ja, ich vergesse immer wieder, wie jung sie noch sind. Als es keine Mähmaschinen gab, haben Männer und auch Frauen das Getreide per Hand, mit der Sichel gemäht.
— Haben Sie das gekannt?
— Aber sicher! In meiner Kindheit habe ich das noch erlebt. Los segadores trabajaban de sol a sol, von der aufgehenden bis zur untergehenden Sonne. Pasaban todo el día trabajando al sol. Einem Schnitter machte es also nichts aus, die Sonne direkt ins Gesicht zu bekommen: *al segador no le importa que le dé el sol en la cara*. Pues bien, en esta copla canta un segador de quien sólo sabemos que es un segador, que está enamorado de una mujer y que, al atardecer, *cuando vuelve de la siega*, cuando se ha metido el sol, pasa por delante de la casa donde vive esa mujer. Y el segador le pide, cantando: «*Cuando (yo) vuelva de la siega, asómate a la ventana.*»
— Muy simple.
— Sí, y sería también bastante simple si le dijera: «Si tú te asomas a la ventana, es como si saliera el sol.»

1 Verlag Peter Lang, Frankfurt am Main 1988. S. 9-31

— Schön, aber gewöhnlich bis platt.
— Genau! Statt dessen schlägt hier das Lied einen entzückenden Haken. Der Verliebte beteuert nicht, wie gesagt, «wenn du am Fenster erscheinst, scheint für mich die Sonne».
— Das setzt er voraus.
— Er setzt auch voraus, daß die Sonne blendet oder gar das Gesicht verbrennt. Ebenfalls setzt er voraus: «Deine Sonnenstrahlen kann ich wohl vertragen.» Das alles setzt er voraus. Statt dessen sagt er einzig und allein: *Denn einem Schnitter macht es nichts aus, die Sonne ins Gesicht zu bekommen. Que al segador no le importa que le dé el sol en la cara.*
— Poesía de la fina.
— Sí, poesía galante, imaginativa, ingeniosa. Humor del fino.
— ¿Y de dónde la ha sacado Usted?
— Nos la contó y cantó un amigo navarro, Conrado Monreal. Y nos dijo que es una copla, una jota navarra.
— ¿Por qué dice Usted «nos la contó»?
— Porque nuestro amigo nos la contó y cantó a mi mujer y a mí para explicarle a mi mujer lo que es un piropo: kein plattes Lob, nein, auch keine grobe Schmeichelei. Ein geradezu poetisches Kompliment.
— ¿Tiene Usted a mano otro ejemplo?
— Allá va otro, tomado del otro extremo de España, del cante jondo de Andalucía. Lo he tomado de *Flamenco-Verse*.[1] Escuche:

Cuando vayas a la iglesia
ponte un velito en la cara,
que los santos, con ser santos,
de los altares se bajan.

— Reizend! Hier wird einer Frau empfohlen, ihr Gesicht zu verschleiern, wenn sie in die Kirche geht, denn sonst werden die Heiligen, obwohl Heilige, von ihren Altären runtersteigen. Kann man einer Frau schöner sagen, daß sie ein wunderschönes Gesicht hat?
— Wohl kaum.
— Das wäre übrigens eine einleuchtende Begründung für die alte katholische Schleierpflicht für Frauen in der Kirche...
— Ja, das wäre einleuchtend.

---

1 *Flamenco-Verse*. Spanisch und Deutsch. Auswahl und Übertragung: Fritz Vogelgsang. Zürich 1964, p. 30. Y supongo que Vogelgsang la tomó de la página 67 de: Machado y Alvarez, Antonio: *Cantes flamencos*. Espasa Calpe, Madrid ^{4}1985.

Mis fuentes:
Deutschmann, Olaf: *Ungeschriebene Dichtung in Spanien.* Verlag Peter Lang, Frankfurt am Main 1988
Flamenco-Verse. Spanisch und Deutsch. Auswahl und Übertragung: Fritz Vogelgsang. Zürich 1964
Machado y Alvarez, Antonio: *Cantes flamencos.* Espasa-Calpe, Madrid [4]1985

XXI.
Más ingenio anónimo
Coplas populares

El mejor poeta español

— Manuel Machado, el hermano de Antonio, habla «del mejor poeta español, que es, sin duda, el pueblo andaluz.»[1]
— Se refiere, me imagino, a la poesía popular andaluza.
— Sí, claro. Pero ¿qué es poesía popular?
— Obviamente la poesía del pueblo.
— Pero ¿qué o quién es el pueblo, en este caso el pueblo andaluz? ¿El conjunto o la totalidad de los habitantes de Andalucía?
— Wohl kaum.
— Ja, wohl kaum, denn die Gesamtheit der Einwohner Andalusiens, Bayerns oder gar Sachsens dichtet nicht, jeder einzelne nicht und alle zusammen als kollektives Subjekt schon gar nicht.
— Der Verdacht liegt nahe, daß hier das Wort Volk bzw. *pueblo bzw. popular* für die Anonymität des einfachen, «ungebildeten» Volkes steht... Im Gegensatz zum «gebildeten» Volk, das bekanntlich nicht gerne anonym handelt und schon gar nicht gern anonym dichtet.
— Was zweierlei bedeuten kann: Entweder ist der «anonyme» Autor der *poesía popular* ein Unbekannter, un Don Nadie, ein Herr Niemand, oder er ist ein wohl bekannter Autor, der «dem Volk» nicht mehr bekannt ist. Bloß, in Andalusien gibt es anscheinend besonders viele begnadete Dichter unter den Unbekannten, unter den Ungebildeten, also außerhalb der akademischen Dichtung.
— Por lo visto en Andalucía hay mucho Don Nadie dotado de inspiración poética de la buena. Das andalusische Volk...
— ...das es genau genommen gar nicht gibt, denn ein Volk gibt es nicht, ein Volk ist im besten Falle eine romantische Fiktion...
— Romantische Fiktion oder nicht, das andalusische Volk scheint in der Tat eine außerordentlich intensive dichterische Energie zu besitzen.
— Und diese dichterische Energie äußert sich anscheinend vor allem in den *coplas*, que no se han escrito para ser leídas, sino que se han compuesto para ser cantadas. Incluso muchas han sido compuestas en el momento mismo de ser cantadas. Lo cual no es un privilegio o un

1 En la «anotación preliminar» a: Machado y Alvarez, Antonio: *Cantes flamencos.* Espasa Calpe, Madrid ^{4}1985, p. 12

monopolio andaluz. De mi juventud recuerdo que, aun sin ser andaluces, aun siendo como éramos castellanos, es decir gente no muy imaginativa, nos divertíamos improvisando coplas según el modelo aquél que canta:

El cateto[1] de tu hermano
que no me venga con leyes,
que pa' eso yo soy gitano
y llevo sangre de reyes
en la palma de la mano.

— Sí, yo también lo conozco. Uno improvisa según ese modelo y el resto corea primero los tres últimos versos y luego el estribillo famoso que dice:

Porón pompón,
porompon porompompero peró,
porompon porompompero peró,
porompon porompompón.

— Eso es. Es algo muy divertido y muy inspirador. Y así salen a veces coplas geniales que nadie recoge por escrito y que por tanto no se publican en ningún libro.
— Das Flüchtige besitzt auch manchmal eine ganz besondere Schönheit.
— Ganz Ihrer Meinung. Ein Gedicht, also Lyrik, ist am schönsten, wenn es singend entsteht und wird nicht erst dann schön, wenn es geschrieben wird. Der schöpferische Akt, wie der Liebesakt, ist an sich nicht reproduzierbar.
— No se me ponga Usted a hablar del amor, que hoy no estoy yo para esas cosas. Además nos estamos metiendo en profundidades sin ser especialistas.
— ¿Qué importa? En este libro no nos hemos cansado de repetir que somos aficionados, que viene de afición, es decir afecto, es decir cariño; somos amateurs, es decir amadores, Liebhaber... Die beste Voraussetzung, um Zugang zur Poesie, zur Lyrik zu finden.
— Schon gut...
— Pero sí, dejémonos de teorías y pongámonos a leer unas cuantas coplas, ya que no somos capaces de cantarlas.
— Sí, menos da una piedra.[2]

---

1 *Cateto* bedeutete zuerst *Bauer* und dann *Tölpel*. Die Städter halten sich bekanntlich für die besseren Menschen. Pero bien, no se si Ustedes conocen la expresión «el cateto de tu hermano, que no me venga...»: «Dein Bruder, der Tölpel, soll mir nicht...» Es éste un giro bastante usual: El ladrón de tu marido... La tonta de mi tía... El cabrón de Franco...

2 *Menos da una piedra* es también un refrán que explico en *Besserwisser IV*. Equivale más o menos a *immerhin!*

— Eso es, menos da una piedra. Y permítame comenzar con unas cuantas coplas que encontré en un librito en que un alemán intenta explicar a los alemanes esto de las coplas.[1] Escuche y derrítase, porque algunas son como para derretirse.
— ¿Qué quiere Usted decir con eso?
— Daß ich beinahe schmelze, wenn ich Folgendes lese:

Desde que te ausentaste,
sol de los soles,
ni los pájaros cantan
ni el río corre.

¡Ay, amor mío!
Ni los pájaros cantan
ni corre el río.[2]

— Es muy simple.
— Sí, es muy simple. Pero dígame si se puede hablar mejor de la ausencia del amado o de la amada.
— Hombre, sin duda que se puede hablar y se ha hablado mejor de la ausencia. Piense Usted, sin ir más lejos, en aquello de:

¿Dónde te escondiste, Amado,
y me dejaste con gemido...?[3]

— Bien, mejor sí, sin duda. Pero no creo que se pueda hablar de la ausencia de un modo poético más sencillo y transparente.... Y observe Usted la musicalidad de la variante:

sol de los soles,
ni los pájaros cantan
ni el río corre.

¡Ay, amor mío!
Ni los pájaros cantan
ni corre el río.

— Sí, es de un efecto muy bello esta alternancia entre *ni el río corre* y *ni corre el río.*

---

1 Se trata del libro: Deutschmann, Olaf: *Ungeschriebene Dichtung in Spanien*. Verlag Peter Lang, Frankfurt am Main 1988.

2 Rodríguez Marin F.: *Cantos populares españoles.* III, Nr. 3455. Yo lo tomo de: Deutschmann, Olaf: *Ungeschriebene Dichtung in Spanien.* p. 87. En adelante citaré así: Cantos 3, Nr. 3455 (Ung. D. p. 87)

3 Es una cita del famoso *Cántico Espiritual* de Juan de la Cruz que trato al detalle en el capítulo VI de este libro.

— Pues escuche esta otra variante del tema de la ausencia:

Todas las mañanas voy
a la orillita del mar
y le pregunto a las olas
si han visto mi amor pasar.[1]

¿Se imagina Usted esta copla cantada?
— Pues no, no me la imagino.
— Es una pena. Pero sigamos con otra variante del tema de la ausencia, con la particularidad de que es una variante irónica:

El alma que tengo es tuya
en esta conformidá:[2]
Que si presente te quiero,
ausente te quiero más.[3]

— ¿Y dónde está la ironía?
— Hombre, no me diga Usted que no la ve. Zuerst die bedingungslose Liebeserklärung: *Meine Seele ist dein.* Und dann das zweideutig eindeutige Geständnis: *So sehr ich dich anwesend liebe, noch mehr liebe ich dich, wenn du abwesend bist.*
— Kann es nicht sein, daß hier die Sehnsucht gemeint ist?
— Glaube ich kaum. Yo creo que aquí el romanticismo inicial *(el alma que tengo es tuya)* se quiebra.
— Der berühmte ironische Bruch des Heinrich Heine?
— Sí, der berühmte ironische Bruch des Heinrich Heine. O si Usted lo prefiere, es la ironía cínica de Quevedo cuando dice que el amor *es un soñado bien, un mal presente. Im Traum ein Gut, in Wirklichkeit ein Übel*.[4] Bien, pero dejemos esto de la ironía. Ahora quiero recitarle una copla bien simple y bien clara sobre el tema del amor como herida.
— Die Liebe als Verwundung? Das kommt mir arg bekannt vor. Y me recuerda aquello de:

Como el ciervo huíste
habiéndome herido.
Salí tras ti clamando
y eras ido.[5]

1 Cantos 3, Nr. 3434 (Ung. D. p. 78)
2 *Conformidad*: Yo la entiendo aquí en el sentido de: con esta particularidad..
3 Cantos 2, Nr. 2978 (Ung. D. p. 77)
4 Vean el soneto completo de Quevedo en el capítulo IX de este libro.
5 También ésta es una cita del famoso *Cántico Espiritual* de Juan de la Cruz.

— Sí, pero en la copla que yo quiero recitarle no hay dramatismo ninguno. Escuche:

Una paloma blanca
como la nieve
me ha picado en el pecho;
mucho me duele.[1]

— Es de una sobriedad encantadora.
— Como la siguiente copla sobre el mal de amores:

Fuí al campo a preguntarle
a la violeta,
si para el mal de amores
había receta.
Me ha respondido
que para el mal de amores
nunca la ha habido.[2]

— Realmente, para el mal de amores no hay receta.
— Del mal de amores trata también la copla siguiente:

Yo me descubrí a un amigo
por ver si me consolaba,
y el amigo estaba enfermo
del mismo mal que yo estaba.[3]

— Me gusta: *Trost suchend offenbarte ich mich einem Freund. Und mein Freund litt an der gleichen Krankheit wie ich.* Me gusta incluso mucho. Aber es kommt mir bekannt vor... Ese verso «por ver si me consolaba» lo conozco...
— Ya le voy a ayudar yo a recordar:

Yo me subí a un pino verde
por ver si me consolaba,
y el pino, como era verde,
al verme llorar, lloraba.[4]

---

1 Cantos 3, p. 462, N 5. (Ung. D. p. 69)
2 Cantos 3, Nr. 5055 (Ung. D. p. 80)
3 Machado y Alvarez, Antonio: *Cantes flamencos.* Madrid [4]1985, p. 136. En adelante cito de este libro así: Cantes p.136.
4 Tomo esta copla y la siguiente de: Rico, Francisco: *Mil años de poesía española.* Barcelona 1998, p. 702.

— ¡Exacto! Recuerdo incluso la melodía. La cantaba mucho un profesor mío de castellano.
— Sí, es una copla muy conocida. Pero pocos saben que es de un autor conocido. Es del siglo XIX, de un tal Augusto Ferrán, que tradujo al castellano poemas de Heine.
— Creo que de él me habló Usted en el capítulo sobre Bécquer.
— Sí, y aunque murió loco, debía de tener mucho sentido del humor, a juzgar por esta otra copla suya:

Una niña me engañó
y me llevó junto a un trigo.
¡Cuándo volverá la niña
a gastar bromas conmigo![1]

— Süß! *Mit mir* hat nie *ein Mädchen* so *gescherzt*. Hasta ahora me han tocado «niñas» muy serias. También a mí me gustaría que una «niña» *me engañara* así. Auch ich möchte mal von einer Frau so, aber nur so, *getäuscht* werden. Aber es muß ja nicht gerade *am Rande eines Weizenfeldes* sein, denn dort ist es sicher sehr stupfig.
— Sie sind ganz schön wählerisch!
— Na ja, ich würde eine solche Täuschung nicht verschmähen, selbst am Rande eines Kornfeldes, aber komfortabler könnte es meinetwegen auch zugehen.
— Von mir aus. Este Ferrán era amigo de Bécquer, del grupo que revolucionó la poesía española en el XIX. Fascinados y contagiados por la sencillez, transparencia y agilidad de la poesía popular, dejaron de escribir poemas grandilocuentes y pesados. Como sencilla, transparente y ágil es la copla siguiente, aunque su contenido sea de un humor resignado de tinte casi existencialista:

Quien tiene penas, se muere;
quien no las tiene, también;
yo quiero vivir alegre;
mañana me moriré.[2]

— Demasiado risueña para ser existencialista. Yo diría más bien que es la respuesta serenamente humorística a la pose existencialista.
— Sí, no está mal esta observación. Muy otra es la resignada desesperanza del pobre en la copla siguiente:

---

1 Ver la nota precedente.
2 Cantos 4, Nr. 7006 (Ung. D. p. 84)

Ya te lo he dicho, María,
que en la casa de los pobres
dura poco la alegría.[1]

Penas y alegrías, alegrías y penas. Un tema frecuente en las coplas:

Al campito solo
me voy a llorar.
Como tengo llena de penas el alma
busco soledad.[2]

O esta variante del tema de las penas, la soledad del campo y las lágrimas:

En la soledad del campo
me puse a llorar mis penas,
y fue tan grande mi llanto,
que florecieron las yerbas.[3]

O el efecto contrario:

Ayer tarde salí al campo
a llorar por mi sentir,
y a un árbol que me escuchaba
se le secó la raíz.[4]

O la copla siguiente, que también nos cuenta una historia tan simple como las anteriores: alquien tiene penas y busca la soledad para llorar:

A orillas del río sus penas lloraba;
como eran dos fuentes sus ojitos negros
crecieron las aguas.[5]

— Un poco exagerado, ¿no?
— Pues no. ¿No ve Usted que es una figura poética? A este tipo de exageración los entendidos lo llaman hipérbole.
— Sí, ya lo sé; pero a mí las hipérboles no me van. Ich bin kein Andalusier, ich bin ein kühler Mitteleuropäer. A mí, incluso cuando ando con mal de amores, no me va ni la exageración ni el patetismo.
— Das ist mir neu. Aber falls es stimmen sollte, was ich nicht glaube, lo siento por Usted, denn so werden Ihnen viele *coplas* verschlossen bleiben. An Unterkühlung kann man auch sterben.

---

1 Cantes p. 38
2 Cantes p. 45
3 Cantes p. 73
4 Cantes p. 85
5 Cantes p. 46

— Jetzt übertreiben Sie selbst. Unterkühlt bin ich auch nicht. Ich bin nur sachlich.
— Ach ja? Ich gratuliere. Und jetzt mache ich weiter. Und Sie hören genau zu und versuchen, solange den ach so kühlen Mitteleuropäer an der Garderobe abzugeben.
— Wenn Sie meinen...
— Ich meine.

Pa que yo te olvide a ti,
tengo que ver dos señales:
o se han de hundir los cielos,
o se han de secar los mares.[1]

— Ganz schön übertrieben. Aber ich sage ja nichts.
— Gut so. Und jetzt hören Sie, wie jemand die verheerende Wirkung bestimmter Augen beschreibt:

Tienes los ojitos grandes
como piedras de molino,
y parten los corazones
como granitos de trigo.[2]

— Esto es casi un piropo, ¿no?
— Pues sí. Und weiter mit der verheerenden Wirkung bestimmter Augen:

¿Qué tienen sus ojos,
que cuando me miran,
los huesecitos, mare,[3] de mi cuerpo
tos[4] me los lastiman?[5]

— *¿Lastimar*?
— *Herir*, *dañar*, *verwunden*, *verletzen*...
— Danke!
— Y la siguiente es más radical:

Yo he visto a un hombre vivir
con más de cien puñaladas,
y luego lo vi morir
con una sola mirada.[6]

---

1 Cantes p. 56
2 Cantes p. 59
3 *Mare – madre*
4 *Tos – todos*
5 Cantes p. 51
6 Cantes p. 62

Gegen *Augen, die sämtliche Knochen verwunden*, oder gar *töten*, werden Sie wohl nichts einzuwenden haben, denn selbst die Deutschen sagen, es gebe Blicke, die töten können.
— Ne, ne! Da sind Sie falsch informiert. Es heißt nur: «Wenn Blicke töten könnten...»
— Von mir aus. Aber Blicke können nicht nur töten, al menos fuera de Alemania, sie können auch wiederbeleben:

Cuando yo esté en la agonía
siéntate a mi cabecera;
fija tu vista en la mía
y pué[1] ser que no me muera.[2]

— Sehr hübsch.
— Ist das alles, was Ihnen dazu einfällt?
— Ja, hübsch.
— Na ja, jetzt bin ich gespannt, was Sie von folgender Übertreibung halten:

Diez años después de muerto
y de gusanos comido,
letreros tendrán mis huesos
diciendo que te he querido.[3]

— Pues le diré dos cosas: Primero, que aquí la exageración o la hipérbole me gusta porque lleva un tinte humorístico, de humor macabro: *Zehn Jahre nach meinem Tod, von Würmern zerfressen, werden meine Knochen ein Schild tragen, auf dem steht, daß ich dich geliebt habe.* Bei allem Ernst des Themas muß ich dabei schmunzeln. Y segundo, que es una variante muy simpática y völlig unromantisch del famoso verso que comentamos en el capítulo sobre Quevedo:

...serán ceniza, más tendrán sentido.
Polvo serán, mas polvo enamorado.[4]

— Sí, es el eterno tema del amor más fuerte que la muerte. Todos sabemos que la muerte es más fuerte que el amor, pero seguimos sintiendo y diciendo cosas como ésta:

---

1 *Pué – puede*
2 Cantes p. 60
3 Cantes p. 55
4 En el capítulo IX de este mismo libro, p. 90

Me han dicho que estás malita,
chiquilla, y que ya te has muerto;
yo te resucitaré
con el calor de mi pecho.[1]

— Rührend.
— Immerhin! Pero volviendo a la exageración o la hipérbole, espero que también las siguientes coplas le hagan a Usted schmunzeln:

Si después que me muriera,
tú me habías de llorar,
por una lágrima tuya
me dejaba yo matar.[2]

— Da wäre jemand bereit, *sich töten zu lassen*, wenn er bloß wüßte, daß seine Angebetete für ihn *eine einzige Träne* vergießen würde. Viel zu pathetisch, um zu schmunzeln.
— ¿Y la siguiente?

Me han dicho que estás malita
y a Dios le pido llorando
que me quite la salud
y a ti te la vaya dando.[3]

— No tan patética como la anterior, aber schon ziemlich. Und kitschig auch noch.
— Claro, el amor es algo más bien patético. Y bien mirado, el amor es kitschig.
— ¿Cree Usted?
— No sé si lo creo. Pero es claro que el amor se presta a poses patéticas, como en la copla siguiente:

En un cuartito los dos,
veneno que tú me dieras,
veneno tomara yo.[4]

— Yo no veo aquí lo patético. Me parece más bien una exageración humorística.
— Bien, puede que Usted tenga razón. Pero escuche esta otra, exagerada si las hay:

---

1 Cantes p. 75
2 Cantes p. 59
3 Cantes p. 61
4 Cantes p. 29

Alza la voz, pregonero,[1]
y pregona que en el río
no hay agua para apagar
un corazón encendido.[2]

— ¡Olé!

— ¿Ve usted? Si todo es cuestión de ponerse en onda. Man muß sich bloß auf etwas einstimmen, nach und nach. Wobei es Ihnen heute, nach Ihrer Stimmung zu urteilen, nicht schwer fallen wird, mit jemandem mitzuempfinden, der oder die eine unmögliche Liebe beklagt, was *coplas* nicht selten tun.

— Normal.

— Ja, normal. Pero escuche:

Tengo yo un pozo en mi casa,
y yo me muero de sed
porque la soga no alcanza.[3]

— *¿La soga?*

— *Das Seil.* Gemeint ist ein Schachtbrunnen, aus dem man das Wasser mit einem an einem Seil befestigten Eimer schöpft. Una escena que en mi infancia era habitual. Por cierto que es una pena que en alemán no haya equivalentes para *fuente* y para *pozo*. Los dos son *Brunnen*. Pero bien, quería también contarle que abundan las coplas que dan consejos, sobre todo en cosas del amor. Por ejemplo:

El amor que se oculta
bajo el silencio,
hace mayor estrago
dentro del pecho.
Porque sus llamas,
como no hallan salida,
queman el alma.[4]

— Sí, es lo mismo que recomienda Atahualpa Yupanqui cuando canta:

Que no se quede callado
quien quiera vivir feliz.[5]

---

1 *Pregonar – verkünden, ausrufen. Pregonero – Büttel*
2 Cantes p. 59
3 Cantes p. 36
4 Cantes p. 93
5 En el capítulo XIX de este mismo libro, p. 118

— Veo que tiene Usted muy buena memoria.
— No, es que me impresionó mucho aquel cantar que Usted me recitó. Lo he vuelto a leer y releer. Me lo sé de memoria:

Cuando el amor me hizo señas,
todo entero me encendí,
y a fuerza de ser callado,
callado me consumí.

— Sí, esto del amor es muy complicado y a la vez muy simple:

El amor y los campos
son casi iguales,
pues los dos se marchitan
con sequedades.
Pero en lloviendo,[1]
el amor y los campos
van floreciendo.[2]

— Está muy bien dicho.
— Sí, y lo siguiente tampoco está mal:

La mujer y las cuerdas
de la guitarra,
es menester talento
para templarlas.
Flojas no suenan,
y suelen saltar muchas
si las aprietan.[3]

— Ach, die Frauen! So was von kompliziert!
— Dann werden Sie folgender *copla* zustimmen:

Lo mismo que la sombra
son las mujeres;
huyen del que las sigue,
y al que huye, quieren.
Yo las entiendo:
si me siguen, aguardo,[4]
si huyen, las dejo.[5]

---

1 En lloviendo – sobald es regnet. Explico esta construcción de gerundio en *Besserwisser V*, p. 81.
2 Cantes p. 97
3 Cantes p. 97
4 *Aguardar – esperar* en el sentido de abwarten
5 Cantes p. 94

— Este señor tan listo se queda esperando a las que le siguen y deja irse a las que le rehuyen. Er wartet also auf die Frauen, die ihn nachlaufen, und läßt die abziehen, die ihm entfliehen. Na ja, so einfach ist das wieder nicht. Ich kann keinesfalls mit dieser *copla* behaupten: «Yo las entiendo.» Yo, a las mujeres ni las entiendo ni creo que las entenderé nunca.
— Entonces ¿qué me dice Usted de la siguiente?

Es la mujer lo mismo
que leña verde;
resiste, gime, llora,
y al fin se enciende.
Luego encendida,
ni resiste ni llora,
sino suspira.[1]

— Puede ser, pero ya le dije que yo sé poco de mujeres. Yo sólo sé que el amor, como decíamos antes, es a la vez muy simple y muy complicado. Y a mí, de momento me está tocando vivir la parte complicada del amor.
— Lo siento por Usted. Pero entonces quizás se reconozca Usted en la cuartete siguiente:

Es amor una senda
tan sin camino,
que el que va más derecho
va más perdido.[2]

— *Auf dem Pfad der Liebe gibt es gar keine Wege. Und wer am geradesten läuft, verläuft sich am gründlichsten.* Ja, so weit reichen meine Kenntnisse schon: Die kürzeste Entfernung ist nie die Gerade. Jeder Weg in der Liebe ist kurvenreich. Die Gerade führt in den Abgrund.
— Ja, in der Liebe und im Leben überhaupt. Pero estamos poniéndonos muy serios. Por eso quisiera contarle ahora que hay muchas coplas francamente ingeniosas.
— Witzig?
— Ja, witzig. Eher geistreich. Por ejemplo:

El día que tú me quieras
lo mismo que yo te quiero,
dímelo poquito a poco,
porque de prisa, me muero.[3]

---

1 Cantes p. 94
2 Cantes p. 121
3 Cantos 2, n. 1866 (Ung. D. p. 76)

El humor de las coplas es a veces francamente negro. Por ejemplo:

Ya se me murió mi madre.
Una camisa que tengo
no encuentro quien me la lave.[1]

Oder absurd:

Cada vez que considero
que me tengo que morir,
tiendo la capa en el suelo
y me harto de dormir.[2]

— So was! Wenn er an den Tod denkt, schläft er sich aus. Wo ist die Logik?
— Nirgendwo. Ich sprach von absurdem Humor. Otras veces ese humor se atreve con temas delicados como son los temas religiosos, rondando la irreverencia, pero sin caer en la vulgaridad:

Yo te quiero más que a Dios.
¡Jesús, qué palabra he dicho!
Merezco la Inquisición.[3]

O también:

Ni el Padre Santo de Roma
hiciera lo que yo he hecho:
dormir contigo una noche
y no tocarte a tu cuerpo.[4]

— ¡Qué delicia!
— Sí, francamente deliciosa. Y en la categoría de deliciosas incluyo las coplas siguientes:

Ayer me dijiste que hoy,
hoy me dices que mañana,
y mañana me dirás
que se te quitó la gana.[5]

— Die Frau und ihre Hinhaltetaktik!

---

1 Cantes p. 41
2 Cantes p. 61
3 Cantes p. 41
4 Cantes p. 58
5 Cantes p. 127

— Wer sagt Ihnen, daß es sich um eine Frau handelt?
— Dachte ich mir so.
— Und um wen wird es wohl in folgender *copla* gehen?

Mira tú si yo tendré
fijo en ti mi pensamiento,
que si al espejo me miro,
en vez de verme, te veo.[1]

— Wahrscheinlich redet hier eine Frau über einen Mann.
— Und wieso?
— Porque a las mujeres les gusta más que a los hombres mirarse al espejo.
— ¿Y usted decía que no entiende de mujeres?
— Ni de mujeres ni de hombres, por lo menos en asuntos del amor.
— Ich glaube, nachdem Sie als Mitteleuropäer nicht übertreiben dürfen, untertreiben Sie gerne.
— Wie Sie wollen. Dejemos este asunto y volvamos a las coplas que Usted llama deliciosas.
— Gerne:

Quiero decir y no digo,
y estoy sin decir diciendo;
quiero y no quiero querer,
y estoy sin querer queriendo.[2]

— Sí, es un juego de palabras muy bonito que no se puede hacer en alemán, porque *querer* significa *wollen* aber auch *mögen*, *lieben*.
— Sí, los juegos de palabras son raramente traducibles. Por eso es tan difícil traducir un chiste. Pero esta copla no es necesario traducirla. Es trasparente. Y la siguiente es tan trasparente como ingeniosa:

Por ti me olvidé de Dios,
por tí la gloria perdí,
y ahora me voy a quedar
sin Dios, sin gloria y sin ti.[3]

— Una tragicomedia.
— Sí, una tragicomedia en la que se coquetea con Dios. Como en la siguiente:

---

1 Cantes p. 127
2 Cantes p. 128
3 Cantes p. 129

El querer que puse en ti,
tan firme y tan verdadero,
si lo hubiera puesto en Dios
hubiera ganado el cielo.[1]

— So ähnlich geht's mir im Augenblick.
— No me diga...
— No, no le digo.
— Pues bien, no me diga nada. Y pasemos a la copla siguiente, que también coquetea con la religión:

La noche que tronó tanto
me fui en busca de mi novia,
por si se acababa el mundo,
irme arrimando a la gloria.[2]

— Realmente ingenioso: *In der Nacht, als es nur so donnerte, suchte ich meine Freundin auf: Sollte die Welt untergehen, wollte ich nah beim Himmel sein.* Das würde ich momentan nicht tun, aber ich muß zugeben, charmanter kann ein Mann kaum sein. Denn diesmal redet eindeutig ein Mann...
— Und in der nächsten wahrscheinlich auch:

Me mandaste una carta
con una cintita azul;
no quiero carta ni cinta,
que quiero que vengas tú.[3]

— No sé por qué, pero me recuerda al «kommt ein Vogel geflogen...»
— Sí, es el tema de la carta – «ein' Zettel im Schnabel» – y de la ausencia – «denn ich kann dich nicht begleiten...» Y quien canta es también un hombre – «...von der Liebsten ein' Gruß». En cambio la copla siguiente, deliciosa si las hay, puede cantarla tanto una mujer como un hombre:

Los besos y los suspiros,
las lágrimas y las quejas,
se sabe de dónde salen,
nadie sabe adónde llegan.[4]

---

1 Cantes p. 133
2 Cantes p. 134
3 Cantes p. 72
4 Cantes p. 143

— Sí, es mucha verdad. Y me recuerda aquella rima de Bécquer:

Los suspiros son aire y van al aire.
Las lágrimas son agua y van al mar.
Dime, mujer, cuando el amor se olvida,
¿sabes tú adónde va?[1]

— Pues sí que tienen su parecido. Tiene Usted mucha razón. Por cierto que hoy le veo a Usted muy sensible a determinados tonos y matices. ¿Me permite Usted una pregunta muy personal?
— Usted dirá.
— Hoy le encuentro a Usted muy raro, muy *reticente*[2] respecto a la mujer. Haben Sie etwa Liebeskummer?
— So in etwa.
— Pues permítame que le cante una copla o canción que aprendí hace ya siglos en Santander de boca de mi entrañable amigo Pedro Sanmartín, que cantaba como los ángeles:

A los árboles altos
los lleva el viento,
y a los enamorados
el pensamiento,
¡ay vida mía!
el pensamiento.

Corazón que no quiera
sentir dolores,
pase la vida entera
libre de amores,
¡ay vida mía!
libre de amores.

— Ohne Liebe kein Liebesleid?
— So ungefähr.
— Aber auch kein Leben.
— Sí, tiene Usted toda la razón. Sin amor, la vida no es vida. Aber das wäre wirklich ein zu weites Feld.
— Sí, no nos metamos en más profundidades. Laß uns leichtere Töne anstimmen!
— Sí, va a ser mejor que lo dejemos. Así que, para terminar, aunque sea

---

1 En el capítulo X de este libro, p. 95
2 *Reticente* ist jemand, der mit mehr oder weniger bösen, mehr oder weniger versteckten Anspielungen über etwas oder über jemanden redet.

terminar en picado,[1] le voy a recitar a Usted una copla, so entzückend, daß ich finde, sie eignet sich nicht nur für Ihre heutige Stimmung, nein, sie eignet sich sogar vorzüglich als Schlußwort für dieses Kapitel und sogar für das ganze Buch:

No quiero que te vayas,
ni que te quedes,
ni que me dejes sola,
ni que me lleves.
Quiero tan sólo...
Pero no quiero nada;
lo quiero todo.[2]

— Yo tampoco quiero nada.
— Y yo también lo quiero todo.

Mis fuentes:

Deutschmann, Olaf: *Ungeschriebene Dichtung in Spanien.* Verlag Peter Lang, Frankfurt am Main 1988
Machado y Alvarez, Antonio: *Cantes flamencos.* Espasa-Calpe, Madrid ^{4}1985
Rodríguez Marin F.: *Cantos populares españoles.* Sevilla 1882-83. Madrid 1881
Siebenmann, Gustav: *Die volkstümmlich überlieferte Dichtung und ihr Nachhall.* In *Spanische Lyrik des 20. Jahrhunderts.* Stuttgart 1985, pp. 351-355

1 Un vuelo *en picado* es ein *Sturzflug.*
2 Cantes p. 109

Epílogo

— Also, Herr Aparicio, Ihre Autorenauswahl ist arg subjektiv.
— Sí, mi selección de autores es muy subjetiva, harto subjetiva incluso. Im Vorwort habe ich es schon angekündigt.
— Und Ihre Sicht dieser Autoren ist auch arg subjektiv...
— Sí, sí, mi visión de esos autores es bien subjetiva.
— Und wo bleibt die Objektivität?
— Sí, ¿dónde queda la objetividad? ¿Lo sabe Usted quizás?
— Bei den Literaturwissenschaftlern vielleicht?
— Mir scheint, Sie glauben noch an das Christkindl.
— Also Sie haben doch nur ein Buch für Amateure geschrieben?
— Wieso nur? Yo, que soy un aficionado a la poesía, he escrito un libro para aficionados a la poesía. Y no olvide Usted que, como Usted mismo dice en uno de nuestros diálogos,[1] aficionado, en el fondo, significa Liebhaber.
— Ich weiß, ich weiß. Ein Poesieliebhaber hat also ein Buch für Poesieliebhaber geschrieben. Eine Einführung vielleicht?
— No, propiamente no. Una introducción a la poesía, a mi entender, pretende dar una idea de conjunto, lo más completa posible, sobre la poesía.
— ¿Y Usted no ha pretendido eso?
— No, yo no he pretendido escribir una introducción sino una iniciación.
— ¡Explíquese!
— Una introducción pretende, como le decía, dar una visión de conjunto, escueta, pero lo más completa posible.
— ¿Y una iniciación?
— Una iniciación pretende, a mi entender, conseguir que la gente, en este caso los *Besserwisser*, le cojan el gusto a la poesía en castellano.
— Daß die *Besserwisser* auf den Geschmack der spanischen Dichtung kommen?
— Ja, daß sie auf den Geschmack kommen und nicht mehr nachlassen. Y así espero yo que, quienes lean este libro, sigan por su cuenta leyendo poesía, descubriendo autores que yo no comento aquí, y descubriendo poemas nuevos de autores que yo comento aquí...
— Also, was mich betrifft, ich denke, ich habe angebissen.
— Dann bin ich zufrieden.

---

1 En el capítulo XIII, sobre Juan Ramón, en la página 120.

Indice

de vocablos, de estructuras y de giros explicados, así como de lugares y de nombres propios citados

D

E

U

V

W

Y

Z

Mi biblioteca:

Para escribir este libro he utilizado conscientemente los siguientes libros. Digo conscientemente, porque no guardo memoria de los muchos libros de poesía y sobre poesía que habré ido leyendo a lo largo de mi vida. Sólo sé que el primer libro de poesía que leí en mi vida fue a la vez el primer libro que fue mío y nada más que mío. Lo gané a mis diez años en un concurso en la escuela. Y lo conservo aún hoy, totalmente desencuadernado[1] es verdad, pero vivito y coleando. Se trata de:

Las mil mejores poesías de la lengua castellana (1150-1950. Ocho siglos de poesía española e hispanoamericana) Decimoquinta edición. Precio: 15 pesetas. (No encuentro ni la fecha, ni la editorial, ni el lugar)

Como decía, para escribir este libro he utilizado conscientemente los siguientes libros:

Alonso, Dámaso: *Poesía española*. Gredos, Madrid 1981

Arcipreste de Hita: *Libro de buen amor*. Edición y notas de Julio Cejador y Frauca. Espasa-Calpe, Madrid ^{7}1955

Arcipreste de Hita: *Libro de buen amor*. Texto íntegro en versión de María Brey Mariño. Edittorial Castalia ^{2}1960

Atahualpa Yupanqui. L' Integrale. Es una casete de 5 CDs publicada en 1992 por Le chant du monde y Harmonia Mundi S.A. Lleva el número LDX 274 948/52 CM 234 X 5. Cada CD lleva un cuadernillo con el texto castellano y la traducción francesa.

Bécquer, Gustavo Adolfo: *Rimas*. Introducción de F. Abad. Edaf, Madrid 1983

Boscán de Lombardi, Lillia: *Huellas en el tiempo. La poesía de Miguel Hernández*. Editorial de la Universidad del Zulia, Maracaibo 1987

Cien poemas de amor de la lírica en lengua castellana. Selección y prólogo de José Batlló. Lumen, Barcelona 1987

Cien romances escogidos. Selección y prólogo de Antonio G. Solalinde. Espasa-Calpe, Madrid ^{4}1958

Deutschmann, Olaf: *Spanische Romanzen*. Verlag Peter Lang, Frankfurt/M 1989

Deutschmann, Olaf: *Ungeschriebene Dichtung in Spanien*. Verlag Peter Lang, Frankfurt/Main 1988

Diccionario de la lengua española. Real Academia Española. Vera edición, Madrid 1992. (Lo cito en este libro como *Diccionario de la Real Academia.)*

---

1 *Aus dem Leim gegangen*

Die spanische Lyrik der Moderne. Einzelinterpretationen. Herausgegeben von Manfred Tietz. Frankfurt/Main 1990
Die spanische Lyrik von den Anfängen bis 1870. Einzelinterpretationen. Herausgegeben von Manfred Tietz. Frankfurt/Main 1997.
El Romancero viejo. Edición de Mercedes Díaz Roig. Cátedra, Madrid [17]1992
Encina, Juan del: *Obra completa.* Biblioteca Castro, Madrid 1996
Engelbert, Manfred: *Miguel Hernández: Juramento de la Alegría.* In: *Die spanische Lyrik der Moderne.* Frankfurt/Main 1990, S. 226-250
Flamenco-Verse. Spanisch und Deutsch. Auswahl und Übertragung: Fritz Vogelgsang. Zürich 1964
Flor Nueva de Romances Viejos que recogió de la tradición antigua y moderna R. Menéndez Pidal. Espasa-Calpe, Madrid [16]1959
Francisco de Quevedo: *Antología poética.* Selección y prólogo de R. Esteban Scarpa. Espasa-Calpe, Madrid [4]1959
Gabriel Celaya: *Poesía.* Introducción y selección de Angel González. Alianza Editorial, Madrid 1977
Gabriel Celaya: *Trayectoria poética. Antología.* Edición de José Angel Ascunce, Madrid 1993
García Lorca, Federico: *Romancero gitano.* Salvat-Alianza, 1971
García Lorca, Federico: *Sonetos del amor oscuro. Poemas de amor y erotismo. Inéditos de madurez.* Ediciones Altera, Barcelona 1995
Gedichte des Abendlandes. Auswahl und Vorwort von Edgar Hederer. Fischer 1961
Geibel, Emanuel / Heyse, Paul: *Spanisches Liederbuch.* Auswahl und Nachwort von Florian Stern. Insel Verlag 1952
Gutiérrez Carbonell, Manuel: *Proceso y expediente contra Miguel Hernández.* Alicante 1992
Hernández, Miguel: *Antología poética. El labrador de más aire.* Edición de Carlos Rovira. Taurus, Madrid 1990
Hernández, Miguel: *El hombre y su poesía. Antología.* Edición de Juan Cano Ballesta. Cátedra, Madrid [12]1992
Hernández, Miguel: *Obra completa.* Edición crítica de Agustín Sánchez-Vidal y José Carlos Rovira con la colaboración de Carmen Alemany. Espasa-Calpe, Madrid 1992
Hernández, Miguel: *Obra poética completa.* Introducción, estudios y notas de Leopoldo de Luis y Jorge Urrutia. Alianza, Madrid [2]1984
Hernández, Miguel: *Poemas sociales, de guerra y de muerte.* Introducción, selección y notas de Leopoldo de Luis. Alianza, Madrid [3]1979
Johannes vom Kreuz: *Das Lied der Liebe.* Übertragen von Irene Behn. Einsiedeln, Freiburg 1992

Jorge Manrique: *Poesía*. Edición, prólogo y notas de Vicente Beltrán. Crítica, Barcelona 1993

Juan Ramón Jiménez. *Platero und ich. Andalusische Elegie.* Aus dem Spanischen übertragen und mit einem Essay versehen von Fritz Vogelgsang. Insel. Frankfurt/Main 1985

Juan Ramón Jiménez. *Platero y yo.* Ediciones Nauta, Barcelona 1981 (Es gibt Ausgaben wie Sand am Meer.)

Juan Ramón Jiménez: *Antología poética.* Edición de Javier Blasco. Cátedra, Madrid 1992

Juan Ramón Jiménez: *Falter aus Licht.* Ausgewählt und übertragen von Ernst Schönwiese. Heyne, München 1981.

Juan Ramón Jiménez: *Herz, stirb oder singe. Gedichte.* Auswahl und Übertragung von Hans Leopold Davi. Mit Zeichnungen von Henri Matisse. Diogenes, Zürich 1977

Juan Ramón Jiménez: *Stein und Himmel/Piedra y cielo.* Gedichte spanisch und deutsch übertragen von Fritz Vogelgsang, Klett-Cotta, Stuttgart [2]1988

Las cien mejores poesías (líricas) de la lengua castellana. Selección y prólogo de M. Menéndez Pelayo. Quinta edición. Espasa-Calpe, México 1959

León Felipe: *El Ciervo y otros poemas.* Visor, Madrid 1982

León Felipe: *Ganarás la luz.* Edición de José Paulino. Cátedra, Madrid 1982.

León Felipe: *Ganarás la luz.* Visor, Madrid 1981

León Felipe: *Nueva antología rota.* Finisterre Editores, México [2]1974

León Felipe: *Obra poética escogida.* Selección y prólogo de Gerardo Diego. Espasa-Calpe, Madrid 1885

Luis de Góngora: *Canciones y otros poemas en arte mayor.* Edición crítica de José María Micó. Espasa-Calpe, Madrid 1990

Luis de Góngora: *Poesía selecta.* Edición de Antonio Pérez Lasheras y José María Miró. Clásicos Taurus, Madrid 1991

Machado y Alvarez, Antonio: *Cantes flamencos.* Espasa Calpe, Madrid [4]1985

Machado, Antonio: *Poesías completas.* Edición crítica de Oreste Macrí con la colaboración de Gaetano Chaiappini. Espasa-Calpe, Madrid 1989

Machado, Antonio: *Prosas completas.* Edición crítica de Oreste Macrí con la colaboración de Gaetano Chaiappini. Espasa-Calpe, Madrid 1989

Machado, Antonio: *Soledades – Einsamkeiten. 1899-1907.* Spanisch und deutsch. Herausgegeben und übertragen von Fritz Vogelgsang. Zürich 1996

Miguel Hernández, Poeta. Catálogo de la exposición de homenaje. Alicante, marzo 1992.
Mistral, Gabriela: *Antología poética.* Ed., introd. y notas de Hugo Montes Brunet. Castalia, Madrid 1997
Neruda, Pablo: *Obras completas.* Tomos I y II. Barcelona 1999
Neruda, Pablo: *Spanien im Herzen.* Insel, Leipzig 1974
Ohlischlaeger M.: *Die spanische Romanze in Deutschland.* Freiburg i. B. 1926
Rico, Francisco: *Mil años de poesía española. Antología comentada.* Editorial Planeta, Barcelona 1998
Romancero. Edición de Giuseppe Di Stefano. Taurus, Madrid 1993
Rubén Darío: *Antología poética.* Edición de Allen W. Philips. Clásicos Taurus, Madrid 1994
Rubén Darío: *Gedichte.* Vorwort von Ernesto Cardenal. Auswahl, Übertragung und Nachwort von Curt Meyer-Clason. Oberschleißheim 1983
Rubén Darío: *Poesías.* Introducción y selección de Pere Gimferrer. Editorial Planeta, Barcelona 1987
San Juan de la Cruz: *Obras escogidas.* Edición y prólogo de Ignacio B. Anzoátegui. Austral, Madrid 1959
San Juan de la Cruz: *Poesía.* Edición de Domingo Ynduráin. Cátedra, Madrid 1992
San Juan de la Cruz: *Poesías, Llama de amor viva.* Edición de Cristóbal Cuevas. Taurus, Madrid 1993
Spanische Lyrik des 20. Jahrhunderts. Spanisch/Deutsch. Ausgewählt, übersetzt und kommentiert von Gustav Siebenmann und José Manuel López. Reclam, Stuttgart 1985
Spanische Lyrik des neunzehnten und zwanzigsten Jahrhunderts. Herausgegeben von Dr. Ludwig Flachskampt. Verlag August Lutzeyer, Frankfurt a. M. Minden/Westfalen, ohne Datum
Spanische Lyrik von der Renaissance bis zum späten 19. Jahrhundert. Spanisch/Deutsch. Ausgewählt, übersetzt und kommentiert von Hans Felten und Agustín Valcárcel. Reclam, Stuttgart 1990

Spielerisch hat es angefangen. Spielerisch ist es weitergegangen. Um dieses Spiel spielen zu können, mußte ich darauf warten, daß mich ein schweres Schicksal traf: Ich wurde arbeitslos. Jetzt hatte ich Zeit, die vielen Notizen zu verarbeiten, die ich mir im Laufe der Jahre über die Verträglichkeiten und Unverträglichkeiten der spanischen und der deutschen Sprache gemacht hatte. So entstand die Reihe *Spanisch für Besserwisser*, als vergnüglichter Dialog zwischen beiden Sprachen.

Als ich das Manuskript zum ersten Band vorlegte, bat ich meinen Verleger, das Buch als Band I zu kennzeichnen. Mein Verleger aber als Berufsskeptiker sagte mir: «Nee, viele versprechen weitere Bände, aber selten kommt es dazu.»

Und ob es dazu kam! Fünf Bände sind bisher erschienen:

Band I: ***Was den Deutschen am Spanischen spanisch vorkommt***
Band II: ***Spanische Dörfer***
Band III: ***Heimat-Sprache***
Band IV: ***Des Esels Heimat. Refranes***
Band V: ***Der Teufel im Detail***

Übrigens, zur Zeit schreibe ich an einem 6. Band *Wenn die Sprache sich verdichtet* – schauen Sie ruhig auch mal in diesen rein. Und in absehbarer Zeit wird es wohl *Spanisch für Besseresser* geben

Meine willkommene Arbeitslosigkeit hat mir auch erlaubt, ein Buch mit Eß- und Kochgeschichten für Deutsche, Halbdeutsche und Undeutsche zu schreiben. Es ist auch in diesem Verlag erschienen:

Lob der Pellkartoffel.

Greifen Sie nur ruhig zu! Wenn sie alle sind, kann man ja neue drucken.

G. Aparicio

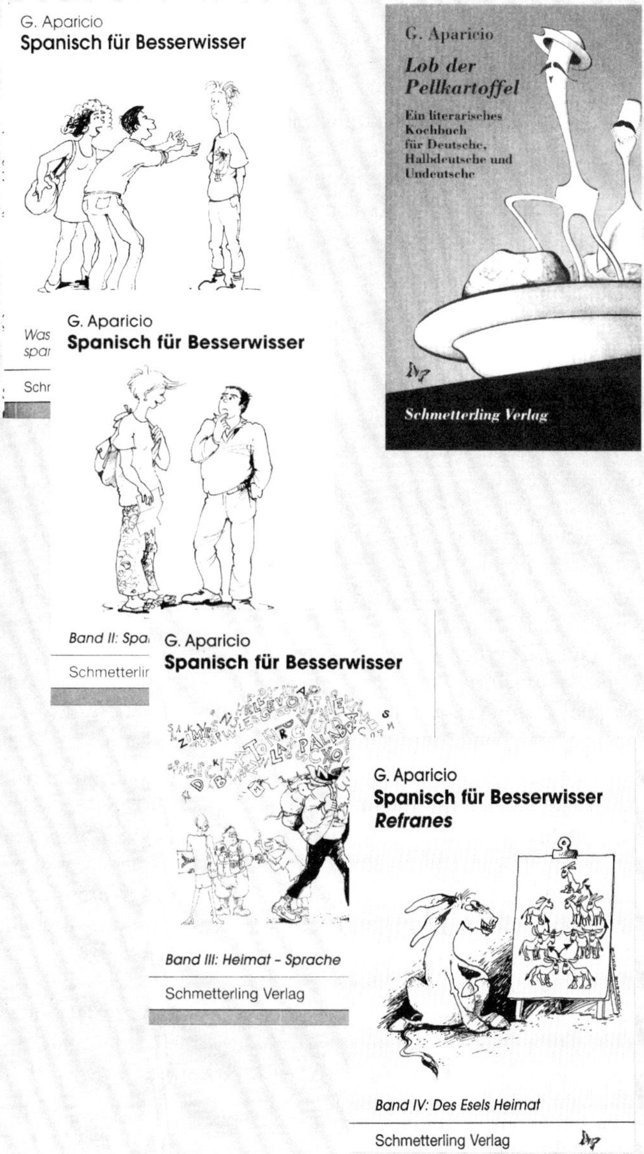
G. Aparicio
Spanisch für Besserwisser
Was
Schr
G. Aparicio
Lob der Pellkartoffel
Ein literarisches Kochbuch für Deutsche, Halbdeutsche und Undeutsche
Schmetterling Verlag
G. Aparicio
Spanisch für Besserwisser
Band II: Spa
Schmetterlin
G. Aparicio
Spanisch für Besserwisser
Band III: Heimat - Sprache
Schmetterling Verlag
G. Aparicio
Spanisch für Besserwisser
Refranes
Band IV: Des Esels Heimat
Schmetterling Verlag